EDITORIAL

Schöne Aussichten

Der Winter war hart, Berlin zuweilen äußerst ungemütlich. Zeit, die Großstadt hinter sich zu lassen und rauszufahren ins Grüne – und sei es nur für ein Wochenende oder einen Tag. Wir waren für Sie schon mal unterwegs, haben Geschichten aus allen Jahreszeiten mitgebracht und dabei überraschende Seiten Brandenburgs entdeckt. Urwüchsige Natur auf einer Paddeltour durchs Rhinluch vom Bützsee bis zum Ruppiner See **(S. 24)**, fotografisch eindrucksvoll in Szene gesetzt. Ein spannendes Porträt von Schwedt **(S. 38)**, das viel mehr ist als eine Industriestadt für fossile Energie; dort findet man originelle Fassadenkunst, Spuren der alten Tradition des Tabakanbaus sowie wilde Flussauen. Sehenswert auch das Schloss Kleßen im Havelland **(S. 68)** oder das Chamisso-Museum in Kunersdorf. Wer sich gerne bewegt, unternimmt eine ausgiebige Wanderung durch die Döberitzer Heide oder einen Waldspaziergang mit Alpakas rund um Pausin.

Darüber hinaus haben wir Menschen getroffen, die in Brandenburg etwas bewegen, wie den Safranbauern Tobias Fahlberg **(S. 108)**, der im Oderbruch eines der teuersten Gewürze der Welt anbaut. Oder Tim Sillack, Chef im Restaurant Lou in Branitz **(S. 116)**, der im Cavalierhaus historische Rezepte von Fürst Pückler neu interpretiert.

Neben Kurztrips – beispielsweise zum Naturgut Köllnitz, nach Buckow oder Potsdam – empfehlen wir Ihnen in unserer Rubrik »Top5« die besten Hofläden, die höchsten Aussichtspunkte, die traumhaftesten Hochzeitsschlösser und die schönsten Übernachtungsorte am Wasser. Lassen Sie sich von unserer neuen Ausgabe überraschen und inspirieren – der Frühling kann kommen!

DIE REDAKTION

Es ist eine der schönsten Badestellen an der Südspitze des Ruppiner Sees. Am Strand von Wustrau-Altfriesack oder vom Kanu aus kann man beobachten, wie die Sonne im See versinkt. Unser Fotograf Gordon Welters war zur rechten Zeit am richtigen Ort

Inhalt

22 Entdecken

66 Kultur

100 Kulinarik

144 Übernachten

Kühe im Schwedter Poldergebiet

PANORAMA

Nationalpark Unteres Odertal

PANORAMA

Spargelbäuerinnen in Beelitz

Ein Seitenarm des Rhins

Brandenburg an der Havel

Wassererlebnis, der Ritter Roland, über 1000 Jahre bewegte Geschichte und Waldmöpse

Kajaktouren durch historische Kanäle, die Havel und Anlegemöglichkeiten inmitten der Stadt: Brandenburg an der Havel hat sich von einer Industriemetropole ins „Venedig der Mark Brandenburg" verwandelt. Fast 20 Prozent ihrer Fläche sind von Wasser bedeckt: Seen, Kanäle, mittelalterliche Flutgräben – und natürlich die Havel, die sich hier in mehrere Arme verzweigt. Wie eine Lebensader verbindet der Fluss mit zahlreichen Wasserarmen die drei historischen Inselstädte, wobei die Dominsel als ältester Siedlungskern auf eine über 1000-jährige Geschichte zurückblickt. Mit historischen Kleinoden empfangen Alt- und Neustadt, die jeweils im 12. Jahrhundert gegründet und 1715 vereinigt wurden, die Besucher. Da wachte bereits Ritter Roland über die Geschicke Brandenburgs. In diesem Jahr wird der Recke 550 Jahre, die Havelstadt feiert ihn mit zahlreichen Veranstaltungen. Brandenburg an der Havel war seit dem Mittelalter wirtschaftlich erfolgreich, zunächst als Mitglied der Hanse, später als Industriestandort. Doch nach der Wende mussten viele Fabriken schließen. Seitdem hat sich Brandenburg an der Havel in eine Modellstadt für das Leben am und auf dem Wasser entwickelt: Historische Mühlen verwandelten sich in Lofts, Fabriken in Hotels, und auf dem Gelände einer einstigen Spinnerei residiert ein Drive-in-Supermarkt mit eigenem Anleger für Yachten und Hausboote.

Brandenburg an der Havel bietet für Wassersportfans und Angler ideale Möglichkeiten, um sich aktiv zu erholen. Für Yachten, Hausboote, Segler, Surfer und Wasserwanderer hält das Revier reizvolle Törnziele bereit. Unternehmen Sie eine ungewöhnliche Paddeltour - ob mit Kanu oder Stand-Up Paddle - entlang der Innenstadtkerne Alt- und Neustadt sowie Dominsel, durch historische Kanäle, zwischen Ursprung, Moderne und Wildnis. Natur pur – und doch mitten in der Stadt.

Denn wenn während der Tour ausgestiegen wird, sind die beliebtesten Einkaufsstraßen der Havelstadt im Nu erreicht. Als Startpunkt ist der Mühlendamm empfehlenswert.
Für Radler stehen gut ausgeschilderte Wege bereit, die direkt an Fluss- und Seeufern oder durch geschützte Landschaften mit beeindruckenden An- und Aussichten entlangführen. Lassen Sie die Seele bei einem Tagesausflug durch die Natur baumeln. Die ausgeschilderten Rundkurse der 7-Seen-Tour und des Storchenradweges verführen dazu, die Natur und das direkte Umland von Brandenburg an der Havel zu entdecken.

Aber aufgepasst, Sie werden beobachtet: Die Waldmöpse vom Brandenburger Ehrenbürger Vicco von Bülow alias Loriot schauen Ihnen interessiert zu. Die gehörnten, plattnasigen Tierchen mit Ringelschwänzen sind im gesamten Innenstadtbereich ausgewildert, an der Johanniskirche sind sie sogar im Rudel anzutreffen. Die etwa 50 Zentimeter großen Bronzefiguren sitzen, stehen, schlafen, schnüffeln und heben das Bein. Sie können die Waldmöpse individuell mit der Mops-Revierkarte entdecken oder an einer Mops-Führung teilnehmen.

TIPPS FÜR IHREN AUSFLUG NACH BRANDENBURG AN DER HAVEL:

STADTSCHNUPPERTOUREN:
Entdecker-Tour, April - Oktober
Schnuppertour durch die Altstadt, April – Oktober

MOPS-FÜHRUNGEN:
April bis Oktober

LORIOT:
Stadtführung auf den Spuren von Vicco von Bülow
jeweils 1. Samstag im Monat

Stadt Brandenburg. Ausflug an der Havel

Touristinformation Brandenburg an der Havel
Neustädtischer Markt 3
14776 Brandenburg an der Havel
Tel. 0 33 81 – 79 63 60
info@erlebnis-brandenburg.de
www.erlebnis-brandenburg.de

FOTOS: © Ulf Boettcher und Steffen Lehmann

Stadtansicht von Schwedt

© Durch die Stadt GmbH

SaarowTherme – schwerelos dahingleiten

Einen Zustand völliger Entspannung hautnah erleben.

Nach nur einer Autostunde von Berlin kommen Sie entspannt in den Wellnesswelten der SaarowTherme an. Erleben Sie die verwöhnenden Kräfte der Natursole in unserem Thermalsolebad. Mit einer Solekonzentration von 3 % und einer Wassertemperatur von bis zu 36° C, fühlt sich der Körper im warmen Wasser ganz leicht an. Während die Massagedüsen mit Luftperlen in unseren Whirlpools zum prickelnden Erlebnis werden, spenden Massagepilz, Strömungskanal und Nackendusche Energie mit der Kraft des sprudelnden Wassers.

In unserer Saunalandschaft und Panorama-Sauna mit Blick auf Natur und See finden Saunaliebhaber alles, was das Saunaherz begehrt. Die Wärme der Saunen, die natürliche Farbe und Textur des Saunaholzes – Hier verbindet sich alles zu einem Saunaerlebnis, dass all Ihre Sinne berührt.

NEUES PRIVATE FLOATING SPA

Erleben Sie einen Zustand tiefgreifender Entspannung in unserem neuen Private Floating Spa. Machen Sie es sich im Floatingbecken bequem, schließen Sie die Augen und lassen Sie sich wie

ein Kurzurlaub im Toten Meer auf der Wasseroberfläche einfach treiben. Durch die Körperwarme Temperatur des Solewassers nehmen Sie kaum wahr, wo das Wasser aufhört und wo die Luft anfängt.

Die Last des eigenen Körpergewichts, die Sie normalerweise auf Schritt und Tritt begleitet, fällt mit einem Mal weg. Stattdessen genießen Sie das Gefühl der Schwerelosigkeit.

Entdecken Sie das vielfältige Angebot der SaarowTherme unter **www.SaarowTherme.de**

BAD SAAROW HIGHLIGHTS

Sommerfest am See
5. – 7. Juli
Live-Musik, Winzer, Kinderprogramm, Gaumenfreuden und Picknickflair im Kurpark am See.

Flammender Scharmützelsee
6. – 8. September
Buntes Bühnenprogramm, großer Kirmes und großes Feuerwerk am See.

Adventszauber
6. – 8. Dezember
Süße und deftige Weihnachtsleckereien und zauberhafte Adventsstimmung.

Infos unter:
bad-saarow.de

SaarowTherme
...endlich Zeit für mich!

SaarowTherme
Bad Saarow Kur GmbH
Am Kurpark 1
15526 Bad Saarow
Tel. 033631/ 8680
info@bad-saarow.de
www.SaarowTherme.de

Wie viele Menschen sind von Berlin aufs Land gezogen? Wo befindet sich die kleinste Galerie Deutschlands? Wie groß sind die Flächen für Ökolandbau? Und wie viele Weißstorchpaare nisten eigentlich noch in unserem Nachbarland?

Streusandbüchse

»eine oben durchlöcherte büchse mit streusand, denselben daraus auf frische schrift zu streuen (1810) (...) lexikalisch zuerst verzeichnet bei HEINSIUS: die streusandbüchse des heiligen römischen reiches ehemahls ein spottname der sandreichen mark Brandenburg wb.4 (1822) (...) so Kügler, der auch erweist, wie das kolonialland der mark bereits seit dem mittelalter als dürftig angesehen wurde, so dasz eine spöttische bezeichnung nahe lag...«

Nachzulesen im
Deutschen Wörterbuch
von Jacob und Wilhelm Grimm
(Erstbearbeitung 1854–1960)

BILDBAND

Lost Places Brandenburg

Im Frühjahr widmet sich der Sutton Verlag, in dem schon eine ganze Reihe an Lost Places Bänden erschienen ist, der Mark. Der Fotograf und Autor Daniel Boberg hat sich auf den Weg gemacht zu verlassenen Orten in Brandenburg. Leerstehende Fabriken, Schlossruinen, stillgelegte Bahnhöfe und andere verfallene Gebäude dokumentiert er in seiner ganz eigenen Bildsprache. Es ist der Charme des Verfalls, der den 36-Jährigen fasziniert und den er in diesem Fotobuch festzuhalten versucht.

Daniel Boberg, Sutton Verlag
144 Seiten, 29,90 Euro
erscheint am 31. Mai 2024

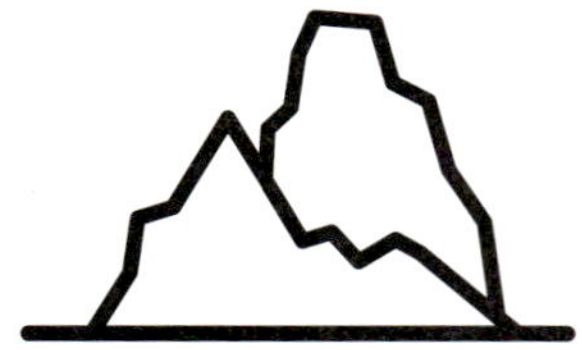

201 Meter

misst der **Kutschenberg** und ist damit der höchste Berg Brandenburgs. Er liegt in den Kmehlener Bergen im Landkreis Oberspreewald-Lausitz und grenzt an Lamperstwalde im sächsischen Landkreis Meißen.

SPIRITUOSE

Likörchen gefällig?

Der Eierlikör aus der Prignitzer Feinbrand Manufaktur kommt mit einer ganz eigenen Aromatik daher. Denn die Basis des Klassikers unter den Spirituosen bildet Gin. Kann man trinken – nicht nur zu Ostern.

Gans Manufaktur
500 ml, 25 Euro
gans-manufaktur.com

Rund
3000 Seen
und
33.000 km
Fließwasser
umfasst das Gewässernetz in Brandenburg

»Die Architektur ist die Fortsetzung der Natur in ihrer konstruktiven Tätigkeit«

Karl Friedrich Schinkel
(1781–1841)

TEXT Heike Gläser

Kleinste Galerie Deutschlands

Das stillgelegte Trafohäuschen ist zwar stolze acht Meter hoch, verfügt aber nur über eine Ausstellungsfläche von 3,27 Quadratmetern. Es beherbergt die kleinste Galerie Deutschlands. Als ob das nicht schon ungewöhnlich genug wäre, befindet sich das Kleinod auch noch an einem Ort mit nicht minder ungewöhnlichem Namen: in Regenmantel im Landkreis Märkisch-Oderland.

Trafo.1
kunstregen.eu

MITREISENDER

Gordon Welters

Wenn Gordon Welters regelmäßig mit dem Bulli nach Skandinavien fährt, hat er sein knallrotes Gummiboot immer dabei. Der Fotograf schätzt die Freiheit, auf seinen Roadtrips in wenigen Minuten von vier Rädern aufs Wassers umsteigen zu können. Die schönste Paddelstrecke liegt für ihn allerdings nicht im hohen Norden, sondern gleich um die Ecke. Dort, in Ostprignitz-Ruppin, schippert er in aller Seelenruhe dem Alltagsstress davon, begleitet von Bibern und Eisvögeln. Er zögerte zunächst, seinen Geheimtipp zu teilen. Doch dann ist er für uns ins Boot gestiegen – mit seiner Kamera im Gepäck (ab Seite 24).

Sehnsucht nach Grün?

Die stillt auch der »Unterwegs«, unser monatlicher Newsletter für Ausflüge ins Berliner Umland: Kurztrips, Inspirationen, Genussorte und Geheimtipps. Kostenlos abonnieren unter **newsletter.tagesspiegel.de/unterwegs**

Über 12 Prozent

der landwirtschaftlichen Nutzfläche wird in Brandenburg ökologisch bewirtschaftet. Damit gehört Berlins Nachbarland flächenmäßig zu den führenden Bundesländern im Ökolandbau.

Weißstörche in Brandenburg

1243

Horstpaare

haben ehrenamtliche NABU-Storchenbetreuer für das Jahr 2021 erfasst. Der Bestand der Weißstörche hat seit 1958 um etwa 50 Prozent abgenommen.

Warum heißt Brandenburg eigentlich Brandenburg?

Am 11. Juni 1157 eroberte der Askanierfürst Albrecht der Bär die zentrale Burg des slawischen Stammes der Heveller Brennabor; daraus leitet sich der Name Brandenburg ab. Die Slawenfeste lag exakt auf der heutigen Dominsel.

MITREISENDER

Tilman Birr

Er ist Schriftsteller, Musiker und Kabarettist und hat nicht nur eine wunderbare Kolumne auf der letzten Seite dieses Magazins (S. 170) geschrieben, sondern auch einen neuen Roman. Er spielt in den Nullerjahren und erzählt die Geschichte von Wolfgang Schneider, der 20 Jahre alt ist und trotzdem so heißt, wie er heißt. Er stammt aus der Provinz, zieht nach Berlin und freundet sich – gewissermaßen aus Versehen – mit dem fast 80-jährigen Vicco von Bülow an. Okay, es ist ein Berlin-Roman, aber hey, Loriot ist ein gebürtiger Brandenburger – und Tilman Birr hat inzwischen im Havelland einen Zweitwohnsitz gefunden.

Wie sind Sie hier reingekommen?
Roman
Satyr Verlag
250 Seiten
23 Euro

Brandenburger Warmblut

Die Pferderasse entstand Ende des 18. Jahrhunderts. Sie wurde als Militärpferd im Friedrich-Wilhelm-Gestüt in Neustadt an der Dosse gezüchtet. Auch heute ist das Pferd vielseitig einsetzbar – als Sportpferd, für die Landwirtschaft oder als Kutschpferd.

»In Staub mit allen Feinden Brandenburgs!«

Heinrich von Kleist
aus: Prinz Friedrich von Homburg oder die Schlacht bei Fehrbellin

TEXTE Heike Gläser

85 Einwohner

leben in Brandenburg auf einem Quadratkilometer. Es ist nach Mecklenburg-Vorpommern das am dünnsten besiedelte Bundesland. In Berlin sind es 4112 Einwohner pro Quadratkilometer.

BUCHTIPP

Zu Gast bei Fürst Pückler

Tim Sillack führt nicht nur das Gourmetrestaurant »Lou« im Cavalierhaus neben Schloss Branitz (siehe S. 116), sondern hat auch vor zwei Jahren ein Pückler-Kochbuch geschrieben, in dem er 65 historische Rezepte neu interpretiert. Angereichert mit Anekdoten über Pücklers Gastgeberkultur und geschichtliche Zusammenhänge ist es mehr als nur ein Rezeptbuch. Außerdem macht es auch optisch Appetit. Die Gerichte des Fürsten wurden in seinem ehemaligen Ambiente auf originalem Porzellan und Tafelsilber fotografiert und in Szene gesetzt.

Tim Sillack, Marina Heilmeyer
Prestel Verlag
224 Seiten, 38 Euro

Königsblau Keramik

Diese Salatschüssel muss es einfach sein: gebrannter Ton, glasiert in prächtigem Königsblau. Ein toller Hingucker – gefunden auf Gut Schmerwitz bei Bad Belzig. Auf dem Gelände befindet sich neben Hofladen und Café auch eine Töpferwerkstatt, die vom Suchthilfeverein Scarabäus Hoher Fläming e. V. betrieben wird. Hier lehrt Töpfermeister Thomas Rottenbücher Menschen in Lebenskrisen, vornehmlich mit Suchtproblemen, das traditionelle Handwerk mit Ton und Scheibe. Was dabei herauskommt, ist einfach nur schön. Vasen in Smaragdgrün zum Beispiel, cremefarbene Obstschalen oder Kaffeebecher in Königsblau. Alles Unikate.

Die Schützlinge bei Scarabäus sind alle freiwillig in der Einrichtung, wird betont. Alle verpflichten sich, auf Tabak, Alkohol und andere Drogen zu verzichten. 30 Personen werden am Ort für maximal 18 Monate aufgenommen. Wer schon länger da ist, hilft Neuankömmlingen, erworbenes Wissen wird weitergegeben. Bis zu zehn Personen sind jeweils in der Töpferwerkstatt beschäftigt, dabei verblüffen manche durch ihr besonderes Talent an der Töpferscheibe, erklärt der Meister. Die gefertigten Keramiken sprechen für sich.

Gutshof Schmerwitz
Schmerwitz 8, Wiesenburg / Mark
koenigsblau-schmerwitz.de

»Wenige Menschen denken, und doch wollen alle entscheiden«

Friedrich der Große
(1712–1786)

ZUGEZOGEN

Brandenburg wächst: Immer mehr Menschen aus der Hauptstadt ziehen aufs Land. 2022 wurden laut Statistischem Landesamt 119.806 Zuzüge gezählt, ein Plus von 43,7 Prozent. Allerdings gab es auch 64.285 Fortzüge – ein Anstieg um 10,8 Prozent im Vergleich zum Vorjahr. Auf die Zuwanderung aus dem Ausland gingen 62.950 aller Zuzüge zurück, davon kam die Hälfte (30.145) aus der Ukraine. Spitzenreiter bei den Wanderungsgewinnen sind die Landkreise, die nah an der Hauptstadtgrenze liegen: Teltow-Fläming, Oder-Spree sowie das Havelland.

230 Kilometer

lang ist die **Flaeming-Skate**. Die zwei bis drei Meter breite Bahn aus feinstem Asphalt verläuft durch Wälder, Wiesen und Felder im Niederen Fläming und Baruther Urstromtal.

TEXTE Heike Gläser, Hella Kaiser

PUFFMAIS

Ein echter Knaller

Ob süß oder salzig, fruchtig, karamellig oder vegan: Für alle Sorten aus der Popcorn Bakery in Falkensee wird gentechnikfreier Mais aus Frankreich verwendet, der zu besonders großen Popcornflocken aufpufft. Zum Beispiel veganes Truffle & Seasalt.

Popcorn Bakery Berlin
20 g, 3,99 Euro
popcornbakery.de

Mit ruhiger Hand

Eine kleine Manufaktur im Spreewald bietet in ihrem Onlineshop DIY-Sets für sorbische Ostereier an. Das ist nichts für Ungeduldige und erfordert eine ruhige Hand. Das nötige Equipment wie Feder und Nadelstifte, Mustervorlagen oder buntes Wachs für die Bossiertechnik gibt es unter jajo.de.

Foto: Tobias Kramer

Seelen und Sohlen baumeln lassen

Auf vier Rundwegen und 68 Erlebnisstationen finden Besucherinnen und Besucher des Barfußparks Beelitz-Heilstätten die perfekte Mischung aus absoluter Entspannung, Naturerlebnis und kleinen, feinen Abenteuern. Waldwippe, Balanciertreppen, Wechselbäder, Baumkronenspiegel, Kiefernzapfen- und Glasscherbenbecken, Steingarten, Himmelbett und mehr laden zu Erkundungstouren im eigenen Tempo ein. Mit der Zeit ist das hier so eine Sache. Irgendwo auf dem 3,6 Kilometer langen Wegenetz geht sie auf wundersame Weise verloren. Geführte Barfuß-Touren, Kräuterrundgänge oder Qigong-Kurse ergänzen das Programm. Ebendiese eignen sich auch hervorragend für Team-Events oder Firmenveranstaltungen.

In den Sommerferien gibt es tolle Familienangebote für jede Menge Spiel und Spaß. Abseits der Ferienzeiten und an den Wochentagen finden vor allem Entspannungssuchende neue Energie. Auf dem weitläufigen Gelände findet dafür jede/r einen Lieblingsplatz.

Zwischen den Barfußpfaden sorgen zwei Cafés für das leibliche Wohl. Schließlich macht so ein Naturerlebnistag mitten im Wald ordentlich Appetit.

Öffnungszeiten: 27. April – 3. Oktober 2024
Mo. - Fr.: 10 - 18 Uhr, Sa. + So.: 10 - 19 Uhr

Barfußpark Beelitz-Heilstätten
Straße nach Fichtenwalde 13, 14547 Beelitz
Tel. 0162 / 290 9999, kontakt@derbarfusspark.de
www.derbarfusspark.de, @derbarfusspark, @barfussparkbeelitz

Entdecken

Die Wege

Zwischen Ruppiner See und Bützsee eröffnet sich eine einzigartige Naturlandschaft der Gegensätze, die man am besten mit dem Kanu erkundet. Eine Paddeltour durch das Rhinluch ist voller kleiner Abenteuer und Erlebnisse, die man einfach so von der Natur geschenkt bekommt

FOTOS **GORDON WELTERS** TEXT **HEIKE GLÄSER**

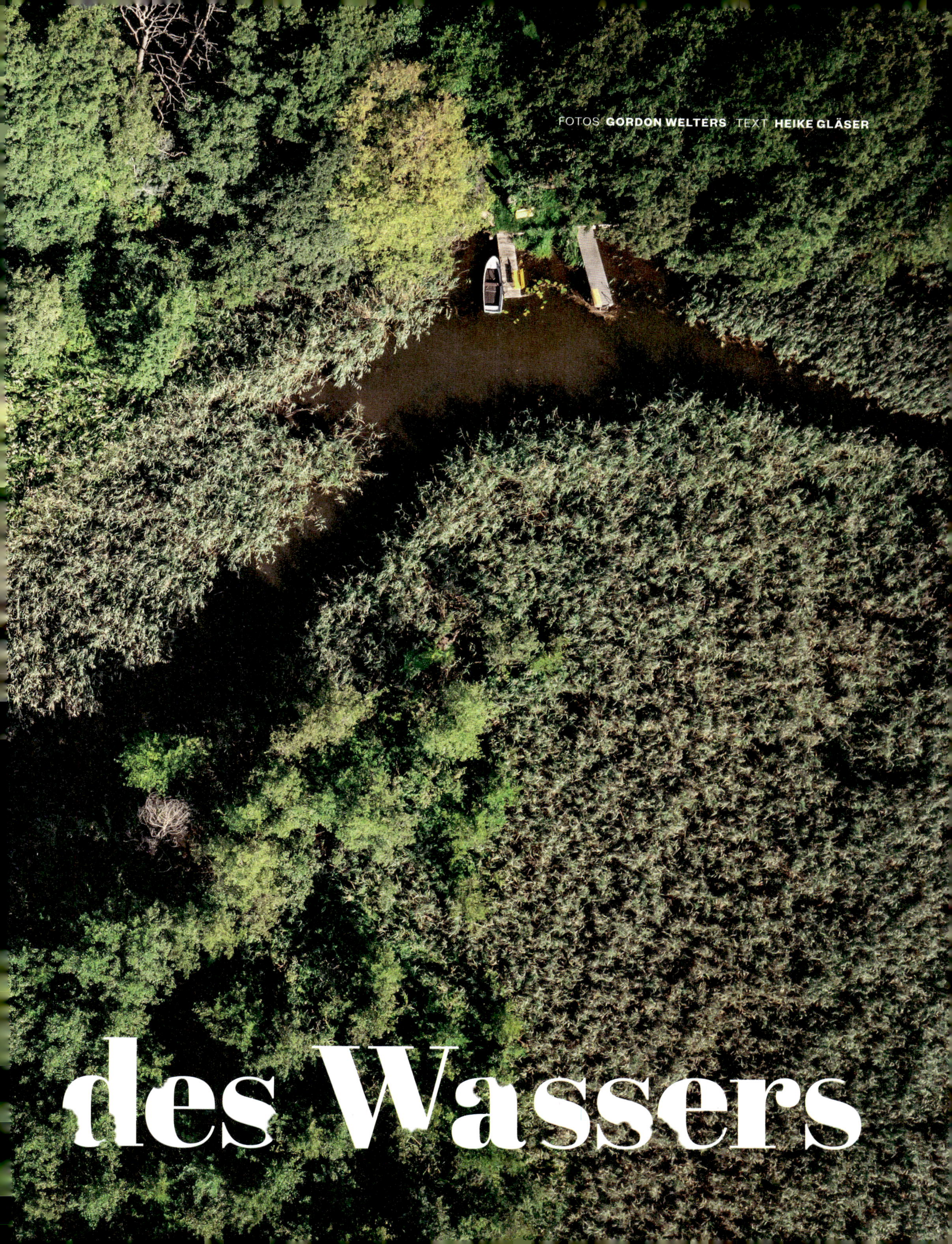

des Wassers

Kaum eine andere Region Brandenburgs ist noch so naturbelassen wie das Rhinluch – und so abwechslungsreich. Es ist der Beginn einer Reise in eine andere Welt: Rauf aufs Kanu und bereits nach wenigen Paddelschlägen verändert sich die Perspektive. Man bewegt sich auf Wasserhöhe und sieht plötzlich die Dinge gleichsam aus der Froschperspektive. Im Rhinluch sind viele Tiere zu Hause. Je genauer man hinschaut, desto mehr gibt es zu beobachten: ein Biber im Schilf, eine Ringelnatter im Wasser, ein Eisvogel am Ufer, Kraniche, Fischreiher, Libellen und noch viel mehr.

Nach einem knappen halben Kilometer mündet der Kanal in den Bützsee. Die Landschaft öffnet sich, der Himmel so weit, das Wasser so klar. Plötzlich sieht man nicht mehr das Detail, sondern das große Ganze. Die Lichtstimmungen an diesem warmen Sommernachmittag sind atemberaubend, sanft gleitet das Boot durchs Wasser. Der Bützsee ist eine wahre Naturschönheit. Wer nicht gleich wieder in den Nebenarm des Rhinkanals einbiegen mag, umrundet die kleine Insel in der Mitte des Sees, bevor es wieder etwas gemächlicher auf den schmalen, urwüchsigen Wasserwegen weitergeht.

Es dauert ein bisschen bis man versteht, warum das Paddeln so eine beruhigende Wirkung hat. Sicher liegt es an dem langsamen Tempo der Fortbewegung, das entschleunigt, aber auch daran, dass die Wasserwege werbefrei sind. Keine Leuchtreklamen, keine Plakate, nichts, was einen optisch anschreit oder Alarm macht, nur beruhigendes Grün. Fast könnte man annehmen, man sei im Spreewald und nicht auf den Ruppiner Gewässern unterwegs. Und wer die Augen aufhält, entdeckt Brombeersträucher am Ufer. Nah genug rangefahren, kann man die Beeren vom Wasser aus naschen. Wunderbar.

Es fühlt sich an wie ein Kurzurlaub in einer anderen Welt: Das Südufer des Ruppiner Sees mit den Weiden, deren Zweige die Wasserfläche berühren, ist nicht nur ein romantischer Ort. Hier befindet sich eine der schönsten Badestellen weit und breit. Also raus aus dem Boot und rein in den See. Die Badestelle und die kleineren Buchten nebenan verfügen über feine Sandstrände, die flach ins Wasser führen. Das Beste aber ist die Ausrichtung des Badestrands gen Westen. Wer den perfekten Zeitpunkt wählt, kann hier spektakuläre Sonnenuntergänge erleben. Eben doch romantisch!

Dann wird es urwüchsig, das Spreewaldgefühl stellt sich wieder ein. Baumwurzeln spiegeln sich im Wasser. Die Sonne dringt nur spärlich durch die dichte Vegetation. Je nachdem, auf welcher Höhe des Kanals man unterwegs ist, verändert sich die Umgebung. Mal wirkt alles verlassen, sehr einsam und unberührt – und dann ist die Ruhe plötzlich dahin. Etwa, wenn man an den verwunschenen Gärten vorbeikommt, die bis direkt ans Ufer reichen. Dann kann man den Gartenbesitzern beim Jäten oder Relaxen zuschauen – oder hören, wie sie mit Freunden feiern und die Natur genießen.

Landgang und Pause bei der Fischerei Pfefferkorn. Der rustikale Traditionsbetrieb legt Wert auf nachhaltige Fischzucht. Wasserwanderer können an den Holzstegen anlegen und über den Betriebshof marschieren, wo die Räucheröfen bollern. Hier kann man je nach Saison und Verfügbarkeit Forellen, Aal, Hecht oder Zander genießen. Frischer geht es nicht. Wer mag, schnappt sich ein üppig belegtes Fischbrötchen mit Hering oder Matjesfilet und macht es sich auf der schönen Terrasse mit Blick auf den nahe gelegenen Fischteich des Betriebs gemütlich. Mehr braucht es nicht für diesen Glücksmoment.

Nach der Stärkung mit Fischbrötchen geht die Paddeltour weiter Richtung Norden, bis man an ein Wehr gelangt. Dort wartet das nächste Erlebnis an der sogenannten Slipanlage. Denn hier müssen alle Boote umgesetzt werden. Die Wasserwanderer ziehen ihre Kajaks, Kanadier oder Kanus mit dem Schienenwagen hoch zur Straße oder runter zum Wasser, je nachdem, aus welcher Richtung sie kommen. Oben angekommen muss das Boot noch über die Straße getragen werden, um es auf der anderen Seite wieder zu Wasser zu lassen – und schon kann der Ausflug durch den Kanal weitergehen.

Auf der gegenüberliegenden Seite des Rhinkanals befindet sich die Schleuse in Altfriesack. Sie steht zusammen mit dem Schleusenhaus und der imposanten Klappbrücke unter Denkmalschutz, 1787 als Holzkonstruktion nach holländischem Vorbild erbaut und 1927 durch eine Stahlkonstruktion ersetzt.

Je nachdem, wie man die Paddeltour plant, kommt man auf dem Hin- oder Rückweg hier vorbei. Wichtig: Man sollte sich vorher nach den Schleusenzeiten erkundigen. Falls nichts mehr geht, muss man die Schleuse über den parallel verlaufenden Kanal umfahren und besagte Slipanlage nutzen.

Es kann so einfach sein: Man nehme sich an einem schönen Sommernachmittag vier Stunden Zeit, mietet beim Kanucamp Altfriesack ein Kanu oder einen Kanadier und startet direkt von dort aus entweder gen Süden Richtung Bützsee oder gen Norden durch die Schleuse zum Ruppiner See. Das Besondere an den Wasserwanderungen durch das Rhinluch ist die Vielseitigkeit. Man fährt durch schmale grüne Wasserstraßen, vorbei an einsamen schilfumrahmten Uferabschnitten, entdeckt verwunschene Gärten, die bis ans Wasser reichen, oder genießt die Weite des Himmels am See. Einfach schön.

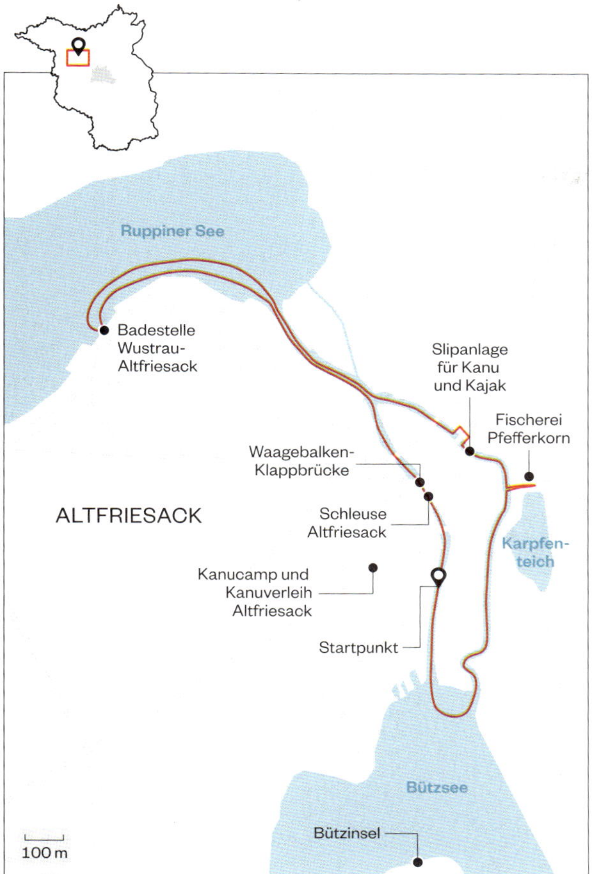

TIPPS

HINKOMMEN

Mit dem Auto über die A 111 und A 24 bis Altfriesack Fahrtzeit ca. 1,5 Stunden

Mit dem Zug RE 6 nach Neuruppin, dann weiter mit dem Bus nach Altfriesack oder mit dem Prignitz-Express zum Bahnhof Wustrau-Radensleben

RUMKOMMEN

Kanucamp und Kanuverleih Altfriesack
Am Bützsee 26 e
16818 Altfriesack
Tel. (033925) 901 63
altfriesack.de

Kajaks, Kanadier und ein Drachenboot können stundenweise oder auch für einen ganzen Tag gemietet werden. Die Preise variieren je nach Größe des Kanus zwischen sechs und 30 Euro pro Stunde bzw. 26 bis 150 Euro pro Tag.
Neben dem Kanuverleih gibt es auch einen Kanurastplatz, wo Wasserwanderer zelten können. Weitere Übernachtungen in einfachen Holzhütten oder Bungalows mit Duschen und Küchen in der Ferienanlage sind nebenan möglich.

Badestelle Wustrau-Altfriesack
Der Badestrand und die kleinen Buchten sind nicht nur mit dem Boot, sondern auch von der Landseite aus zu erreichen.

Schleuse im Rhinkanal
Die Schleusungen erfolgen in der Regel zu jeder vollen Stunde. Eine Schleusung ist nach Voranmeldung möglich. Tel. (033925) 703 12.

Wasserwanderer können die Schleuse auch über den parallel verlaufenden Kanal umfahren und am Wehr mit dem bereitstehenden Kanuwagen umtragen.

GENIESSEN

Fischerhütte Pfefferkorn
Am Teich 10, 16818 Neuruppin,
Tel. (033925) 711 95
tägl. 12–18 Uhr geöffnet

Das Lokal mit eigener Fischerei legt Wert auf Nachhaltigkeit. Auf der schönen Terrasse am Fischteich schmeckt der Zander, die Fischsuppe oder ein klassisches Fischbrötchen ganz besonders gut. Toller Räucherfisch, auch zum Mitnehmen.

KURZTRIP

Buckow

Eine rund vierstündige Wanderung beginnt in der kleinen Stadt am Schermützelsee. Die leicht zu gehende Tour verbindet Natur, Kultur und herzhafte Küche

TEXT **MICHAEL PÖPPL**

Das John-Heartfield-Haus in Waldsieversdorf

Das Schöne an der Märkischen Schweiz ist, dass man hier tatsächlich richtig wandern kann, denn es geht immer wieder die Hügel rauf und runter. Am und über dem Schermützelsee liegt die beschauliche Stadt Bad Buckow, ein guter Ausgangspunkt für eine kleine, rund vierstündige Wanderung, bei der auch das Kulturelle nicht zu kurz kommt. Das Brecht-Weigel-Haus (Foto links) ist ein Muss, wenn man den Kneippkurort besucht, hier lebten der Dramatiker und die Schauspielerin seit 1952, Bertolt Brecht schrieb hier seine »Buckower Elegien«. Der Besuch der Gedenkstätte ist berührend, die Originaleinrichtung und Ausstellungen zum Leben des Künstlerpaars sind sehenswert.

Von hier aus geht es Richtung Südwesten, quer durch den Kurpark, wer mag, kann auch eine Runde Wassertreten. Nach gut 500 Metern führt ein kleiner Pfad hoch zur Ferdinandshöhe. Von dort hat man einen fantastischen Blick über die Stadt und den See. Die Buckowseepromenade führt bis zum Haus der Freiwilligen Feuerwerk, hier biegt man links ab, nach wenigen Metern führt die Hauptstraße am Bahnhof der Buckower Kleinbahn vorbei, Richtung Waldsieversdorf geht es dann immer am Wald und den Gleisen lang bis zum dortigen Bahnhof. Im Sommer fährt hier die Kleinbahn regelmäßig. Wer mag, kann diese knapp zwei Kilometer der Tour natürlich auch mit dem historischen Zug fahren (buckower-kleinbahn.de).

Blick auf den Schermützelsee

Die Stobbermühle dreht sich noch immer

Der Schwarze Weg führt direkt zum Sommerhaus des Malers und Grafikers John Heartfield, das er 1957 nach eigenen Entwürfen am Ufer des Großen Däbersee bauen ließ. Im Sommerhaus selbst ist eine Ausstellung zum Leben und Werk des Künstlers zu sehen, zwischen Mai und September finden hier auch thematische Veranstaltungen statt, die der rührige Freundeskreis aus Waldsieversdorf organisiert. Für den Rückweg nach Buckow bietet sich die gut 30-minütige Route westlich durchs Stobbertal an, man passiert die historische Seifertsche Mühle, links vorbei am Abendrothsee erreicht man über die Berliner Straße den Busparkplatz. Von hier aus hat man, wenn der Magen knurrt, die Möglichkeit, linksrum weitere zehn Minuten bis zum beliebten Restaurant Fischerkehle am Westufer des Schermützelsees zu laufen, oder rechtsrum am Weißen See entlang und durch den Kurpark zurückzulaufen. In Buckow selbst findet man das Romantische Gasthaus Stobbermühle, an dem sich stets das alte Mühlrad dreht. Zum Abkühlen an heißen Tagen sei ein Besuch des Strandbads Buckow empfohlen, neben schönen Bademöglichkeiten und bester Wasserqualität gibt es dort auch Klassiker wie Buletten und Pommes.

TIPPS

Anreise mit ÖPNV (ca. zwei Stunden):
Die RB 26 in Richtung Küstrin-Kietz fährt stündl. ab Bhf. Lichtenberg, in Müncheberg umsteigen auf den Bus 928 bis Buckow

Brecht-Weigel-Haus
Bertolt-Brecht-Straße 30, 15377 Buckow
April bis Oktober, Mi–Fr 12–17 Uhr
Sa / So 12–18 Uhr, brechtweigelhaus.de

John-Heartfield-Haus
Schwarzer Weg 12, 15377 Waldsieversdorf
Mai bis September, Sa / So 12–17 Uhr
heartfield.de

Restaurant Fischerkehle
Fischerberg 7, 15377 Buckow
tägl. 11.30–17 Uhr
Tel. (033433) 560 66

Romantisches Gasthaus Stobbermühle
Wriezener Straße 2,
15377 Buckow, tägl. 12–22 Uhr
stobbermuehle.de

Buckow
in Märkisch-Oderland

Zwischen Nationalpark und Platte

Der Name Schwedt steht für Energieunternehmen und russisches Öl. Doch wer sich auf die Industriestadt an der Oder einlässt, entdeckt originelle Fassadenkunst, gigantische Backsteindenkmäler und die wilde Natur der Flussauen. Ein Stadtporträt

TEXT UND FOTOS **OLIVER GERHARD**

DDR pur – das ist der erste Eindruck, den die Stadt mit ihren 34 000 Einwohnern vermittelt

Bunt statt Grau: Fassadenkunst im öffentlichen Raum

Backstein und Plattenbau vor Schornsteinen der Raffinerie

Stahl und Beton, Backstein und Rost: Schwedts Wahrzeichen besteht aus Industriehallen und Kühltürmen, Rohren, Leitern und Treppen. Rauch quillt unablässig aus einigen der rund zwei Dutzend Schornsteine der PCK-Raffinerie, die schon von Weitem zu sehen sind. An manchen Tagen lodern Flammen auf den Fackeltürmen, wenn überschüssige Gase verbrannt werden.

Die größte ostdeutsche Erdölraffinerie hat der 34000-Einwohner-Stadt seit Beginn des russischen Angriffskriegs gegen die Ukraine nur negative Schlagzeilen beschert – und auch davor schlummerte Schwedt fernab des Uckermark-Hypes vor sich hin. Dabei hätten die Einwohner eigentlich Grund zum Feiern: Vor genau 60 Jahren sprudelte im Beisein von Walter Ulbricht das erste russische Öl durch die Pipeline »Druschba« – Freundschaft.

DDR pur – das ist der erste Eindruck in Schwedt: die Anlagen des ehemaligen Kombinats, die breiten Betonpisten à la Moskau oder Ostberlin, die endlosen Reihen uniformer Plattenbauten. Doch dazwischen leuchten schrille Farben: quietschbunte Balkone, wandfüllende Gemälde und Fassaden in Feuerrot, Barbiepink, Ozeanblau oder Giftgrün. Das Grau der Vorwendezeit: wie weggeblasen.

»Ich bin erstaunt, wie sehr sich Schwedt entwickelt hat«

Marco Brzozowski
Fassadenmaler

»Nein, eher weggesprayed! Ich bin selbst erstaunt, wie sehr Schwedt sich entwickelt hat«, sagt Marco Brzozowski, während er mit der Sprühdose ein Kunstwerk bearbeitet: zwei Musiker mit Gitarre und eine Frau am Keyboard. Die Szene verwandelt ein schlichtes Trafohäuschen in einen bunten Hingucker. »Als ich mich 2007 als Fassadenmaler selbstständig machte, dachte ich zuerst an Schwedt als potenziellen Kunden.«

Seitdem hat er im Auftrag der Wohnungsbaugesellschaft und der Stadtwerke viele Gebäude verwandelt – darunter über 1000 Quadratmeter große Fassaden, für die Hunderte Farbdosen zum Einsatz kamen. »Bei so großen Objekten benutze ich das Gerüst als Raster und prüfe den Fortschritt ab und zu aus der Ferne«, sagt der Künstler, bevor er wieder seine Kopfhörer aufsetzt: »Ein 60-Stunden-Hörbuch! Darin ›lebe‹ ich immer, wenn ich tagelang nur spraye.«

Auf der Wand eines schlichten Trafohäuschens entsteht ein farbenfroher Hingucker: zwei Gitarristen und eine Frau am Keyboard

Marco Brzozowski übernimmt als Fassadenmaler Auftragsarbeiten, für die Hunderte von Spraydosen zum Einsatz kommen

Das Glasmosaik »Kosmonaut« ist eines der faszinierendsten Werke der Ost-Moderne – zu bewundern in Schwedt

Stefan Lange und Leokadia Hateville vom Kollektiv Kunstbanausen …

… veranstalten Graffiti-Workshops für Jugendliche

Liebespaar und Kosmonaut

Die Affinität der Schwedter zur Kunst im öffentlichen Raum ist kein Produkt der Nachwendezeit: »In den 60er- und 70er-Jahren stand dafür viel Geld zur Verfügung«, erklärt Stadtführerin Gudrun Eger. »Bis zu zwei Prozent der Bausummen waren reserviert.« Und gebaut wurde viel: Dank der Industriekombinate explodierte die Einwohnerzahl von 6000 im Jahr 1957 auf über 50000 in den 1980ern.

Auch Eger zog damals hierher: »In anderen Orten musste man viel länger auf eine Wohnung warten«, sagt sie. Auch viele Künstler blieben in der Stadt, die ihnen so viele Aufträge bescherte, darunter der Bildhauer Axel Schulz (1937-2012), der in seinen Arbeiten den Alltag der Schwedter einfing: Liebespaare, harte Arbeit, Kanutouren und FKK. »Ich mag die Art, wie stolz und selbstbewusst er die Mädchen zeigte«, sagt Eger.

Eigentlich wird die Stadtführerin für klassische Rundgänge gebucht, aber sie schmuggelt immer auch Kunst mit ins Programm – ihre Leidenschaft: Wandbilder, Mosaike, Reliefs, Skulpturen und Brunnen. Eines der faszinierendsten Werke der Ost-Moderne ist der »Kosmonaut«, ein Glasmosaik in leuchtenden Farben, das die gewünschte Aufbruchstimmung jener Zeit symbolisiert.

»Als Künstlerin bleibt man bei der Fassadenmalerei fast unsichtbar«

Leokadia Hateville
Künstlerin

Wer aus Berlin zu Besuch kommt, staunt erst mal über die Sauberkeit: keine wilden Graffitis, keine Schmierereien, nicht einmal Tags. »Nein, etwas Illegales haben wir hier nicht«, sagt Gudrun Eger. »Unsere Fassadenbilder sind Auftragsarbeiten.« Dabei lernen in Schwedt schon die Kinder, wie man Wände bemalt: Im Gründerzeitbau der Grünen Villa sorgt das Kollektiv »Kunstbanausen« für frischen Wind.

Leokadia Hateville – mit ihrem Pseudonym, Tattoos und stylishem Outfit selbst eine Kunstfigur – veranstaltet mit ihrem Kompagnon Stefan Lange Graffiti-Workshops für Kids: »Am meisten fesselt es die Jugendlichen, die sich erst einmal gar nicht dafür interessieren – die vordergründig lauten und frechen«, sagt Hateville. »Sie lernen dabei nicht nur ein Handwerk, sondern auch, wie im Team Schritt für Schritt etwas Großes entsteht.«

Im Museum nachzuvollziehen: Der Tabakanbau hat in der Region eine Jahrhunderte alte Tradition

Margit Fischer nimmt zurzeit an einem großen Zeitzeugenprojekt des Tabakmuseums teil

Die Fassadenmalerei ist der Brot-und-Butter-Job der Kunstbanausen: »Als Künstlerin bleibt man dabei fast unsichtbar, obwohl man so viel Zeit mit dem Objekt verbringt. Irgendwann ist es einfach da – und spätestens nach zehn Jahren fängt es schon wieder an zu bröckeln«, sagt Hateville. Ihre Leidenschaft gilt daher freien Arbeiten, Airbrush, Pin-Stripping, Bühnenmalerei – und Autorennen.

Stadt ohne Mitte

Doch wo schlägt das Herz der Stadt, die in den letzten Kriegstagen mitsamt ihrem historischen Schloss weitgehend zerstört wurde? Amtsgericht, jüdisches Ritualbad, Stadtkirche ... nicht viele historische Gebäude blieben im Zentrum erhalten. Die Fußgängerzone ist verwaist, wenn nicht gerade ein paar Kinder im Brunnen vor der Tourist-Info toben. »Zu-Vermieten«-Schilder hängen in leeren Schaufenstern.

Auch das Kaufhaus Centrum, zu DDR-Zeiten ein Besuchermagnet, hat seine Anziehungskraft längst eingebüßt – immerhin steht es wegen seiner emblematischen Lamellenfassade der Ost-Moderne unter Denkmalschutz. Ein paar Senioren marschieren zielstrebig durch die Betonwüste, Schilder werben: »Pflege ist Vertrauenssache.« Der Altersdurchschnitt liegt heute bei 52 Jahren – einst war Schwedt die jüngste Stadt der DDR.

»Hugenottische Vorfahren haben einst das Wissen mitgebracht«

Margit Fischer
Tabakmuseum

Nach der Wende wurden Tausende Wohnungen abgerissen, die verbliebenen hat man modernisiert, mit Aufzügen, größeren Balkonen und mehr Grün. Das Leben spielt sich hier in der Platte ab, im Privaten. Der wirtschaftliche Puls Schwedts schlug dagegen mehr als 300 Jahre lang in den gigantischen Backsteinpalästen, die bis heute erhalten blieben: Tabakfabriken und Trockenscheunen.

Der Ortsteil Vierraden liegt eingebettet in Felder mit Tabakpflanzen – ein Anblick wie im Osten Kubas. »Unsere hugenottischen Vorfahren haben einst das Wissen dafür mitgebracht«, sagt Margit Fischer, eine geborene Menanteau. Das französische Erbe ist noch in vielen Begriffen wie Planteur (Tabakpflanzer) oder Bandelier (Schnur zum Auffädeln der Tabakblätter) präsent.

Lutz Zimmermann ist einer der letzten Fischer, die noch in der Kernzone des Nationalparks unterwegs sein dürfen

Naturschönheiten im Nationalpark Unteres Odertal

Eine Paddeltour führt in die Schwedter Polder

Dennoch bleibt auch etwas Wehmut: Beim Aufziehen der Blätter auf die Schnüre zum Trocknen saßen vier Generationen zusammen in der Scheune. »Es gab Kaffee und Kuchen und später auch ein Eierlikörchen«, sagt Fischer. »Wir liebten das als Kinder, weil dabei erzählt, getratscht, gesungen und gut gegessen wurde. Unsere Ferien waren damit gefüllt – denn wenn mal keine Arbeit war, schickte unsere Mutter uns zu Nachbarn zum Helfen.«

Heute nimmt Fischer an einem Zeitzeugenprojekt des Tabakmuseums in Vierraden teil, und einmal im Jahr treffen sich die einstigen »Planteure« zum Tabakblütenfest. Dann holen Margit Fischer und ihr Mann die hugenottischen Trachten aus dem Schrank und fädeln noch einmal Blätter auf: zum Stillen der Wehmut – und um zu sehen, ob sie es noch beherrschen.

Nationalpark Unteres Odertal

Im Osten grenzt Schwedt unmittelbar an den Nationalpark Unteres Odertal, das Revier von Lutz Zimmermann, einem von zwei verbliebenen Fischern in der Region. »Ich habe diese Berufswahl nie bereut«, erzählt er auf seinem Wassergrundstück unter dem Laubdach der Weiden. »Aber heute muss man schon ein Enthusiast sein, um diesen Job noch zu ergreifen.« Die Umorientierung nach der Wende, sinkende Fischbestände, der Klimawandel oder die Oder-Katastrophe im letzten Jahr haben ihn immer wieder gefordert. Bis zu seiner Rente darf Zimmermann noch in der Kernzone des Nationalparks fischen, danach gilt dort nur noch Naturschutz. Auf seiner Liste stehen Hechte, Welse, Aale und Zander. »Im Sommer ist dagegen Saure-Gurken-Zeit«, sagt der 58-Jährige. »Dann habe ich Zeit für die Störe.« Rund 30000 Jungstöre wachsen in seinem Zuchtcontainer auf – in Wasser aus der Oder, damit sie die heimatlichen Gewässer später wiedererkennen. Zimmermann ist in ein Projekt zur Wiederansiedlung des Baltischen Störs eingebunden.

»Heute muss man schon ein Enthusiast sein, um diesen Job zu ergreifen«
Lutz Zimmermann
Fischer

»Die ersten Wochen im Juli sind besonders arbeitsintensiv«, sagt er. »Dann füttern wir die Jungstöre rund um die Uhr mit frischen Krebslarven.« Die ersten Rückkehrer erwartet er in ein paar Jahren. Wilderer

Mit dem Naturführer Thomas Volpers im Paddelboot unterwegs durch die wilden Flussauen – über einen Teppich aus Wasserfarn und Entengrütze

werden es dann schwer haben, unauffällig Störe zu stehlen, sagt Zimmermann: »Die Tiere sind dann schon mindestens zwei Meter lang.«

Im Poldergebiet zwischen der Hohensaaten-Friedrichsthaler-Wasserstraße und der Strom-Oder erstreckt sich heute eine der letzten naturnahen Flussauen Europas – Rast- und Brutplatz Zehntausender Enten, Gänse und Wasservögel. Der Mensch ist hier nur geduldet: »Wir dürfen erst nach Ende der Brutzeit Mitte Juli paddeln gehen«, sagt Thomas Volpers, der seit 15 Jahren Touren in die Schwedter Polder führt. Schon wenige Meter hinter den Deichtoren zum »Zwischenoderland« ist die Stadt vergessen: Der Wind rauscht im vier Meter hohen Schilf, Biber haben riesige Burgen errichtet, von den Seerosenblättern flüchten Frösche ins Wasser. Volpers zeigt auf die vielen bunten Gewächse am Rand der Strecke: Schwanenblume und Blutweiderich, Wasserminze und Sumpf-Vergissmeinnicht. Immer enger rücken die »lebenden Wände« zusammen, Schilf streift die Köpfe der Paddler. Der Teppich aus Wasserfarn und Entengrütze wird zeitweise so dicht, dass aus dem Paddeln ein Staken wird. Dann geht gar nichts mehr: Ein umgestürzter Baum blockiert die Strecke. Volpers zückt eine Säge und räumt den Weg wieder frei, unter Schieben und Ziehen rutscht das Kanu über die blockierte Stelle.

»Wir dürfen erst nach Ende der Brutzeit Mitte Juli paddeln gehen«

Thomas Volpers
Naturführer

Später, beim Picknick unter einer alten Weide, fördert der Guide zutage, was er unterwegs in einer Dose gesammelt hat: Sumpfdeckelschnecken, Libellenlarven, Schwimmwanzen und Wasserasseln. Viele Tiere hätten ausgefallene Techniken zum Überleben entwickelt, erklärt er. Zum Beispiel die Wasserspinne: »Sie sucht für ihre Eier gerne ein ausgedientes Schneckenhaus. Dort trägt sie Luft herein, sodass es zu einer kleinen Taucherglocke unter Wasser wird.«

Nach ein paar Stunden auf dem Wasser, ohne Autolärm, Hundegebell oder Begegnungen mit anderen Paddlern hat man das Gefühl, in einer abgelegenen Wildnis am Ende der Welt unterwegs zu sein. Doch dann öffnet sich plötzlich ein Fenster im Dickicht, durch das ein paar Kühe neugierig ihre Köpfe strecken. Und am Horizont ragen die Schornsteine der Raffinerie auf – das vertraute Wahrzeichen, in greifbarer Nähe.

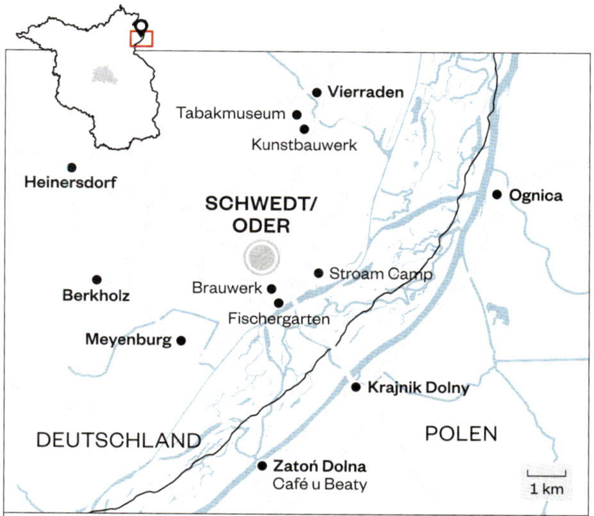

TIPPS

ANKOMMEN

Mit der Bahn Verbindungen im RE von Berlin über Angermünde Richtung Stettin oder Stralsund. **Mit dem Auto** aus Richtung Süden über die A 11, Ausfahrt Joachimsthal, aus dem Norden über die A 20, ab Kreuz Uckermark weiter über die B 166. **Mit dem Fahrrad** über den Oder-Neiße-Radweg.

RUMKOMMEN

Kanutouren
Natur- und Landschaftsführer Thomas Volpers veranstaltet ab Mitte Juli Paddeltouren im Nationalpark Unteres Odertal sowie naturkundliche Wanderungen. Tel. (039885) 32 87 um-natur.de. Weitere Paddelangebote bei MomentUM, Tel. (03332) 255 90, unteres-odertal.de

Stadtführungen
Fassadenbilder und Kunst am Bau stehen im Fokus einer geführten Stadttour, weitere Führungen gibt es zu den Themen Tabak, Stadtumbau und grünes Schwedt. MomentUM Tel. (03332) 255 90 unteres-odertal.de

Tabakmuseum Vierraden
Mehr als 1 000 Objekte in einer historischen Trockenscheune und ein Schaugarten dokumentieren Schwedter Tabakgeschichte. Nur Mai–Sept. Breite Straße 14 stadtmuseum-schwedt.de

GENIESSEN

Café u Beaty
Eingebettet in einen blühenden Bauerngarten mit Blick auf die Strom-Oder liegt das Café von Beata Balbuza am Rande des »Tals der Liebe« in Polen. Im Sommer ab mittags geöffnet. Zatoń Dolna 15 Tel. +48 (91) 414 25 51

Brauwerk
Stylishe Räume im Industrielook, ein großer Garten, Biere aus der eigenen Brauerei und Wasserbüffel-Burger: Das Brauwerk ist ein kulinarisches Highlight in Schwedt. Sonntag geschlossen.
Louis-Harlan-Straße 1
Tel. (03332) 83 57 90
brauwerk-schwedt.de

Fischergarten
Den Fang von Fischer Lutz Zimmermann verkauft sein Kollege Helmut Zahn in seinem Fischergarten direkt am Wasser.
Am Bollwerk 15
Tel. (0173) 449 77 94
fischergarten.de

UNTERKOMMEN

Stroam Camp
Preisgünstige Gästezimmer und Camping mit Wasserzugang machen das Stroam Camp zur idealen Unterkunft für Radler und Kanuten. Boote und SUPs im Verleih. Regattastraße 1
Tel. (03332) 44 94 70
stroamcamp-schwedt.de

Kunstbauwerk
In der einstigen Fabrikantenvilla der Tabakfabrik Vierraden sind einfache Gästezimmer mit Einzel-, Doppel- oder Etagenbetten buchbar. Im Hofcafé gibt es frischen Kuchen.
Schwedter Straße 19
Tel. (0176) 20 81 57 04
kunstbauwerk.de

INFORMIEREN

Highlights in Schwedt gibt es bei Tourismus Uckermark, Tel. (03984) 83 58 83, tourismus-uckermark.de und bei Schwedt-Marketing MomentUM, Tel. (03332) 255 90, unteres-odertal.de

KURZTRIP

Turm Erlebnisbad

Schwitzen, abkühlen, ruhen, eintauchen, aufatmen, lachen, glücklich und später müde sein: Ein Tag im Oranienburger TURM bringt Erholung für die ganze Familie

TEXT **SABINE HÖLPER**

Wenn die Eltern in der Sauna entspannen, die pubertierenden Kinder aber lieber schwimmen wollen, dann ist die Turm Erlebniscity Oranienburg eine perfekte Wahl. Denn hier gibt es sowohl ein großes Sauna- als auch Badeangebot. In der vom Deutschen Saunabund mit vier Sternen ausgezeichneten Saunalandschaft kann man in zehn unterschiedlichen Räumen schwitzen. Für Neulinge grenzt das fast schon an Überforderung: Geht man zuerst in die Erdsauna, die Banja, die Turmsauna mit schöner Aussicht, die Salzsauna oder ins Russische Saunadorf? Oder doch lieber ins Dampfbad? Am besten nimmt man sich einen ganzen Tag Zeit und probiert alles einmal aus. Zum Abkühlen steht unter anderem ein großes, eiskaltes Becken im Freien bereit.

Im Außenbereich mit Garten und Teich laden außerdem Liegen zum Entspannen ein. Wer lieber drinnen die Seele baumeln lassen möchte, sollte es sich im atmosphärischen Salzruheraum bequem machen. Aber Vorsicht: Bei gedimmtem Licht könnte man einschlafen – und somit den nächsten Aufguss verpassen. Andererseits ist das ja das Schöne an einer Tageskarte ohne Zeitlimit: Man kann ausgiebig und grenzenlos saunieren, bis es dunkel wird.

Damit man zwischendurch weder Durst noch Hunger leiden muss, können die Gäste jederzeit im Bademantel das Sauna-Restaurant aufsuchen, um Gutes und Gesundes zu sich zu nehmen. Aber nicht nur das: Es finden sich auch Bier und Wein auf der Karte.

Wer den Badebereich mit- oder ausschließlich bucht, kann sich ebenfalls auf viel Abwechslung freuen – und auf einen Wellengang wie im Atlantik. Wenn im 400 Quadratmeter großen Wellenbad die Wogen aufbrausen, johlen die Besucher vor Freude. Ist das Wasser glatt, tummeln sich die Wasserratten im Becken und Kinder tauchen nach Ringen. Die jüngeren Badenixen zieht es außerdem zu den Rutschen hin. Die große Double-Racer-Rutsche mit 88 Metern Länge hat sogar zwei Spuren nebeneinander, sodass Freunde oder Geschwister gegeneinander antreten können. Wer ist schneller unten im seichten Wasser?

Schwitzen für die Gesundheit

Erholungssuchende schwimmen derweil gerne nach draußen, ins dampfende Solebecken mit einer Wassertemperatur von bis zu 34 Grad – und dem Blick in den Himmel. Das Sportbad im hinteren Bereich lädt wiederum Schwimmer ein, die 25 Meter lange Bahnen ziehen wollen, sowie Sprungbegeisterte, die vom Ein- oder Dreimeterbrett ins Wasser eintauchen.

Ist das alles noch nicht genug, um müde zu werden: In der Erlebniscity Turm kann man ferner bowlen, klettern, Tischtennis, Badminton oder Volleyball spielen. Wer lieber rundum verwöhnt werden will, bucht stattdessen einen Termin für Massagen, Maniküre, Pediküre oder Kosmetik.

Der Salzruheraum mit seiner schummrigen Atmosphäre sorgt für die perfekte Entspannung

TIPPS

HINKOMMEN

Mit dem Auto Über die B 96 dem Wegweiser »Sportcenter« folgen. Es stehen rund 400 Besucherparkplätze in unmittelbarer Nähe zur Verfügung. Kosten: 3 Euro pro Tag.

Mit der Bahn Mit der S1 zum S-Bahnhof Oranienburg. Von dort wenige Gehminuten.

Öffnungszeiten Sport- und Erlebnisbad: So–Do 9–20 Uhr; Fr, Sa, Feiertage, Ferien 9–21 Uhr; Sauna: tägl. 9–22 Uhr

Preise Erlebnisbad: ab 16,50 Euro für Erwachsene (Tageskarte 27 Euro), Sportbad: 6 Euro (eine Stunde), Sauna: ab 29,50 Euro für Erwachsene (Tageskarte 37,50 Euro). Es gibt zahlreiche Vergünstigungen für Familien etc. Preise für Bowling usw.: gesondert

TURM ErlebnisCity
in Oberhavel

NATUR GANZ NAH

TEXT **HELLA KAISER**

Westlich der Berliner Stadtgrenze liegt die Döberitzer Heide. In dieser grandiosen Naturlandschaft gibt es eine überraschend große Artenvielfalt. Eine Wanderung durch das Gelände mit dem Landschaftspfleger Jörg Fürstenow, der seine Begeisterung für lilafarbenes Sumpf-Knabenkraut oder den Schwarzblauen Ölkäfer gerne mit anderen Interessierten teilt

Jörg Fürstenow, das merkt man schnell, ist ein durch und durch zufriedener Mensch. Sicher liegt das an seinem Arbeitsplatz – mitten in der Natur. Wir stapfen mit dem 58-Jährigen durch die Döberitzer Heide, diese grandiose Naturlandschaft im Havelland, westlich der Berliner Stadtgrenze. Jahrhundertelang wurde das rund 50 Quadratkilometer große Gebiet militärisch genutzt, zuerst ab 1713 von Friedrich Wilhelm I., zuletzt bis 1991 von der Roten Armee. Was die Soldaten zurückgelassen hatten, war zu Teilen ein geschundenes, von Panzern durchfurchtes Terrain, in der Erde fand sich tonnenweise Munitionsschrott. Auf Brachen machte sich Wildwuchs breit.

1997 wurde die Döberitzer Heide unter Naturschutz gestellt. 2004 erwarb die Heinz Sielmann Stiftung mit rund 36 Quadratkilometern den größten Teil der Döberitzer Heide. Das Gelände kam gleichsam »in Pflege« und wurde peu à peu auf sanfte Weise zu »Sielmanns Naturlandschaft« gestaltet.

Hier kommt Jörg Fürstenow ins Spiel. Seit 1998 arbeitet er, in der DDR zum Informatiker ausgebildet, für die Heinz Sielmann Stiftung. Er ist zuständig für ökologisches Landschaftspflege-Management und Monitoring. So etwas macht man nicht als Job, sondern aus Berufung. »Als Kind wollte ich Naturforscher werden«, erzählt er. Frösche, Tümpel und Biotope hätten ihn immer interessiert, später vertiefte er sich in Biologie und Botanik.

So kann er nun aus dem Vollen schöpfen, täglich beobachten, wie sich die Natur um ihn herum entwickelt, und sogar neue Lebewesen entdecken. Erst im vergangenen Jahr wurde die Rindenwanze (*Aradus ribauti*), eigentlich im Mittelmeerraum heimisch, in der Döberitzer Heide erspäht. Hier versteckt sie sich gern unter abgestorbenen Pappeln und ernährt sich von Pilzen und Totholz. Nur, weil hier nicht »aufgeräumt« wird, haben die Wanzen eine Chance. Ebenso wie der vor wenigen Jahren entdeckte, schwarz-weiß gemusterte Segelfalter (*Iphiclides podalirius*), dessen Verbreitungsgebiete lange nur in Nordwest-Afrika und China waren.

»Als Kind wollte ich Naturforscher werden«

Jörg Fürstenow machen solche Funde glücklich. Und er möchte seine Begeisterung mit anderen teilen. »Wer Arten sehen will, muss in die Döberitzer Heide fahren«, sagt er. Erstaunliche 6000 unterschiedliche können in der Döberitzer Heide nachgewiesen werden. Gut 800 Arten von Farn- und Blühpfanzen wachsen hier, darunter etliche, die vom Aussterben bedroht sind. Das lilafarbene Sumpf-Knabenkraut zum Beispiel, der indigoblaue Lungen-Enzian oder die pastellfarbene Leder-

Das rund 5000 Hektar große Gelände wurde jahrhundertelang militärisch genutzt – in der Erde befand sich tonnenweise Munitionsschrott

3600 Hektar

groß ist Sielmanns Naturlandschaft Döberitzer Heide, fast das 17-fache des Großen Tiergartens in Berlin

Vom Aussterben bedrohte Blühpflanze: der indigoblaue Lungen-Enzian (oben). Flattert durch die Döberitzer Heidelandschaft: der Dukaten-Feuerfalter (unten links). Eine von 2000 verschiedenen Käferarten, die hier herumkrabbeln: der Schwarzblaue Ölkäfer (unten rechts)

Profitiert vom Insektenreichtum in der Heide: der Wiedehopf mit seinem Federschopf, dem orange-braunem Gefieder und den schwarz-weiß gemusterten Flügeln (oben). Für Landschaftspfleger Jörg Fürstenow zählt der Wiedehopf zu den Gewinnern des Klimawandels

55 Kilometer

Wanderwege laden Gäste zum Erkunden der weiten Naturlandschaft ein

blättrige Rose. Sage und schreibe 30 Brombeerarten wurden hier bislang katalogisiert. Dazu kommen 2000 verschiedene Käferarten, darunter der Schwarzblaue Ölkäfer oder der Stierkäfer. Während das für Laien recht ähnlich aussehende Krabbler sind, kann Jörg Fürstenow sie sofort identifizieren. Er kennt die Merkmale von Dukaten-Feuerfalter, Wachtelweizen-Scheckenfalter, Borstiger Dolchwespe oder der Heidekraut-Sandbiene.

Dass letztere sich hier wohlfühlt, erschließt sich sofort. Im Sommer watet man fast durch die sandigen Wege, dunkle Schuhe sind nach einer Wanderung grauweiß vom Staub. Trocken war es hier schon immer, doch der Klimawandel verstärkt die Entwicklung. Moore, die früher hier existierten, sind verschwunden. »Die Vegetation verändert sich«, sagt Fürstenow. Der Rundblättrige Sonnentau, eine fleischfressende Pflanze, fand sich lange in der Gegend zurecht. Nun, ohne Torfmoose, hat sie keine Chance mehr. Der Experte registriert den Wandel an vielen Stellen: »Plötzlich sterben Bäume ab, die vor Jahren mit Wasser gut versorgt waren.«

> »Plötzlich sterben Bäume ab, die vor Jahren mit Wasser gut versorgt waren«

Dafür gehören andere zu den Gewinnern. Vor allem Vögel, die durch die vielen Insekten reich gedeckte Tische finden. Ein gutes Beispiel ist der Wiedehopf, der mit seinem Federschopf, orange-braunem Gefieder und den schwarzweiß gemusterten Flügeln eine wahre Schönheit ist. Im März kehrt er zurück aus seinem afrikanischen Winterquartier und bleibt bis zum Sommer in der Heide.

Während anderswo in Brandenburg die Ankunft der ersten Störche bejubelt wird, freut sich Fürstenow, wenn er dem Ruf des Wiedehopfs wieder lauschen kann. Wie hört sich der an? »U, up, puh«. Ganz ähnlich eben wie sein lateinischer Name: upupam. Weithin hörbar sei der Ruf im Sommer, schwärmt der 58-Jährige. Fürstenow möchte helfen, die einzigartige Landschaft zu bewahren. »Das ist ja ein altes Kulturerbe«, sagt er ernst. Deshalb müsse man sich gut drum kümmern. »Ließe man das Gelände vollkommen in Ruhe, würde alles zuwachsen«, mahnt er und rückt seine Schirmmütze zurecht. »Dann wäre hier«, er beschreibt mit den Armen einen großen Kreis, »nur Wald«. Vieles würde verschwinden, was das Areal so wertvoll mache. »Verschiedene Orchideenarten können nur überleben, wenn auch Landschaftspflege gemacht wird.«

Die Pflege müssen nicht unbedingt nur die Menschen erledigen. In der Kernzone, die mit Doppelzäunen gesichert ist, wurden Wisente, Przewalski-Pferde und Rothirsche ausgewildert. »Große Pflanzenfresser«, sagt Fürstenow respektvoll. Die Vierbeiner halten die Vegetation auf natürliche Weise in Schach, »sonst müssten wir mechanisch Hand anlegen«. Alles ist miteinander verwoben: Bestimmte Pilze etwa besiedeln den Dung der Wildtiere.

30
Rast- und Aussichtspunkte laden zum Picknick ein

Ein Wunder für die Wissenschaft: die erst vor wenigen Jahren in der Döberitzer Heide wiederentdeckten orange-roten Schleimpilze (oben). 85 Meter über dem Meeresspiegel liegt der Aussichtsturm am Finkenberg (unten). Er bietet einen schönen Rundumblick über die Heide

Solche Dinge wissen Laien selten, doch hier werden sie Meter für Meter schlauer, auch wenn sie ganz allein unterwegs sind. Diverse ausgewiesene Wanderwege führen durch die Döberitzer Heide. Einer ist rund 24 Kilometer lang. Fast sechs Stunden brauche man dafür, erklärt die Heinz Sielmann Stiftung auf ihrer Webseite. Doch wie soll das funktionieren? Man muss ja immer wieder verharren, lauschen, schauen. Was krabbelt da unter einem Blatt hervor, was hockt dort im Baum, welche Pflanze leuchtet in grellem Orange? Das könnten Schleimpilze sein. Wenn es um sie geht, wird Fürstenow nahezu euphorisch. Erst vor wenigen Jahren hätte man sie in der Döberitzer Heide wiederentdeckt, ein Wunder, von der Wissenschaft gefeiert.

Einfach so querfeldein durch die Gegend stromern, sollte niemand. Besucher sind angewiesen, auf den Wegen zu bleiben. Hunde sind erlaubt, sie müssen aber an der Leine laufen. Sogar nachts darf man die Döberitzer Heide besuchen, aber dann, so lautet die eindringliche Botschaft auf der Webseite, solle man sich still und respektvoll verhalten. »Die Nacht gehört den Tieren«, heißt es. Auch den Wölfen. Vor drei, vier Jahren sind einige eingewandert und bilden nun ein Rudel von vielleicht zehn Tieren. Scheue Wesen, die man praktisch nie zu Gesicht bekommt. Ihr Lebensraum in der umzäunten Kernzone ist für Besucher ohnehin tabu. Womöglich muss das ein oder andere Wild vor den Wölfen auf der Hut sein, aber das gehört zur Balance in der Natur. Die Döberitzer Heide ist kein Zoo.

Welche Jahreszeit Jörg Fürstenow am liebsten mag? Schwierige Frage. Zögernd sagt er: »Vielleicht das Frühjahr.« Aber dann fallen ihm die »faszinierenden Blühpflanzen im Sommer« ein und »die unterschiedlichen Heuschrecken.« Im Herbst rasten Kraniche. Im Winter schimmern Eiskristalle. Umso mehr bedauert er, »dass sich die Menschen immer weniger für Natur und Pflanzen interessieren«. Wie kommt das? Der Eintritt in die Döberitzer Heide ist frei. Im Gegensatz zum angrenzenden »Erdbeerhof«, der stetig vergrößert wird, kann man hier keinen Euro ausgeben. Und bekommt dafür lauter Gratisgeschenke aus der Wundertüte der Natur.

Auch den Rundblick vom 85 Meter hohen Aussichtsturm am Finkenberg, mitten in der Döberitzer Heide, muss niemand bezahlen. Wer hinaufsteigt, fragt sich, was das dort, in vielleicht 25 Kilometer Entfernung, wohl ist? Ach, der Berliner Fernsehturm. Lockt uns nicht. Wir schauen lieber nach, ob unten am Boden Schleimpilze wachsen.

DÖBERITZER HEIDE
Havelland
14624 Dallgow-Döberitz
Rund um die Uhr geöffnet
sielmann-stiftung.de

Alpakas sind Herdentiere und laufen nicht einfach von ihren Gefährten weg – deshalb eignen sie sich gut für Wanderungen in der Gruppe

Auf Wuschelkurs

Mit den Tieren vom Alpakahof Pausin kann man durchs Havelland wandern – und das nicht nur in den Sommermonaten. Ein Winterspaziergang durch den angrenzenden Krämer-Wald

TEXT **DANIELA MARTENS** FOTOS **GORDON WELTERS**

Etwas x-beinig und doch leichtfüßig läuft die zierliche Mathilde mit der verwegenen Wuschelfrisur durch die Winterlandschaft. Ihre beiden langen dicken Zehennägel hinterlassen längliche Spuren im Schnee. Mathilde ist vier Jahre alt, genauso alt wie Tilda, die sie an einer langen blauen Leine führt. Beide haben eine braune Ponyfrisur, Mathilde ist allerdings ein ausgewachsenes Alpaka und Tilda ein Menschenkind, das bei einer Alpakawanderung mitmacht.

Die beiden laufen an der Spitze einer Gruppe aus sieben Alpakas und zehn Menschen: Tildas zehnjähriger Bruder Joris und ihre Eltern sind dabei sowie eine zweite Familie mit erwachsener Tochter und deren Partner. Die vierjährige Tilda, die sonst höchst ungern spazieren geht und meist schon nach wenigen Schritten von ihrem Papa getragen werden will, stapft neben Mathilde munter durch den Schnee und hat sichtlich Spaß an dem Ausflug mit den Alpakas. Ab und zu hebt sie Kiefernzweige auf.

Mathilde ist das kleinste Tier der Herde vom Alpakahof Pausin, sie geht bei den Wanderungen immer voran, gemeinsam mit Pünktchen. Das hat Achim Liesegang, der Herr über die Alpakas, erklärt, als er den Hofbesuchern vor der Wanderung ihre tierischen Spaziergangspartner auf der Koppel vorgestellt hat. Achim Liesegang ist eigentlich kein Landwirt, sondern Ingenieur im Ruhestand. Seit 2015 halten er und seine Frau Annelies Alpakas: »Meine Frau hatte sich bei der Grünen Woche in die Viecher verliebt.« Heute ist es aber eher er, der die Tiere füttert, ihnen die Klauen schneidet und mit Tieren und Besuchern zu Spaziergängen aufbricht, und dabei Vorträge hält über Herkunft und Besonderheiten.

Alpakas bleiben immer etwas auf Distanz

Mathilde sei das zutraulichste Tier der Herde, »weil wir sie mit Flasche großgezogenen haben«, sagt Liesegang. »Allerdings waren in der Flaschenmilch wohl nicht ganz so viele Nährstoffe wie in Alpakamilch, deshalb ist sie wohl etwas kleiner geblieben.« Und genau deshalb hat sich Tilda gleich auf den ersten Blick in Mathilde verguckt: »Ich will das Kleinste, das ist so niedlich.« Niedlich, wuschelig und großäugig sind aber eigentlich alle 13 Alpakas der Herde, auch Pünktchen. »Das ist unsere Giraffe«, stellt Liesegang das Tier vor. Während Mathildes Fell tiefbraun ist, changiert die flauschige Wolle von Pünktchen zwischen gelblich und hellbraun, die Zeichnung erinnert tatsächlich ein bisschen an eine Giraffe.

Plötzlich gibt es Aufregung in der Gruppe, Lukas, ein grau meliertes Alpaka, versucht, sich an den anderen vorbeizudrängeln, seine Führleine schleift hinterher. Der zehnjährige Joris hat sie aus Versehen losgelassen. Achim Liesegang

Achim Liesegang, der Herr der Alpakas, erklärt, wie sich die Herdentiere verhalten

Alpakas hören nicht auf ihren Namen

ist schon zur Stelle, tritt aufs Ende der Leine und übergibt sie wieder an Joris. Alles kein Drama. Alpakas sind Herdentiere und laufen nicht einfach von ihren Gefährten weg. An Mathildes Halfter ist aber zu Sicherheit eine zweite Führleine befestigt, die ein Erwachsener hält. Der graue Lukas ist das größte Tier der Herde und mit zwei Jahren das jüngste. Auch Joris hatte sich auf den ersten Blick für »sein« Alpaka entschieden, die beiden sind fast gleich groß, Joris' schwarze Mütze auf gleicher Höhe mit Lukas' fast schwarzen Ohren und Scheitel, dessen Augen unter einem Wuschel aus hellgrauem Fell verschwinden. »Lukas ist so süß«, sagt Joris und sieht das Alpaka zärtlich an. Die beiden passen genauso gut zusammen wie Joris' Schwester Tilda und die Alpakadame Mathilde.

Achim Liesegang betrachtet die Tiere etwas nüchterner als die Kinder. Alpakas seien Fluchttiere, blieben immer etwas auf Distanz zu den Menschen und würden nicht auf ihre Namen hören, erklärt er. »Man bekommt auch nicht so ein enges Verhältnis zu ihnen wie etwa zu einem Hund oder einem Pferd.«

Ob jemand etwas darüber wisse, mit welchen anderen Tieren Alpakas verwandt seien, hatte Liesegang gleich zu Anfang gefragt. Der zehnjährige Joris weiß die Antwort: »Das sind Neuweltkameliden, das weiß ich aus einem Podcast für Kinder.« Der Alpaka-Bauer und die anderen Erwachsenen sind angemessen beeindruckt. Auch während des Spaziergangs erzählt Liesegang Interessantes über seine Alpakas, aber auch über andere Tiere, die in dem Wald leben, durch den die Wanderung führt.

»Gibt's hier Wölfe?«, fragt Tilda. Am Wegrand sind Schilder aufgestellt, mit Bildern und Erklärungen zu heimischen Tieren: Waschbär, Wildschwein, Hase – und Wolf. »Nein, das Waldstück hier ist zu klein«, sagt Liesegang beruhigend. Es habe sich zwar schon einmal ein Wolf hierher verirrt, aber es lebe hier keiner: »Das wäre auch bestimmt nicht ganz ungefährlich für unsere Alpakas.« Dafür leben dort Füchse, was bis vor einiger Zeit ein Problem für Liesegangs Hühner darstellte. Er hält auch besondere Hühnerrassen, eines davon sieht aus wie eine graue Gewitterwolke. Doch dann sei Liesegang auf die Idee gekommen, die Hühner bei den Alpakas einzuquartieren. Die ungleichen Tiere teilen sich jetzt Stall und Koppel. »Seitdem ist kein Huhn mehr von Füchsen geholt worden, die haben wohl Respekt vor den Alpakas«, sagt Liesegang. »Und die Hühner picken den Alpakas Insekten aus dem Fell. Das ist fast eine Art Symbiose.«

Alpaka-Müsli mit Bergkräutern

Inzwischen ist die gesamte Wandertruppe wieder zurück bei der Koppel, dem Rest der Herde und den Hühnern angekommen. Auf der Nachbarkoppel begrüßen zwei Shetlandponys die Heimkehrer, die auch zu den Tieren der Liesegangs gehören: »Die habe ich für meine Enkel angeschafft«, sagt der siebenfache Vater und Großvater. Eine seiner Töchter, die zurzeit noch bei einer Bank in Berlin arbeitet, wolle den Alpakahof später einmal übernehmen. Bis dahin ist Liesegang aber noch voll dabei – und teilt Schüsselchen voller »Alpaka-Müsli« an die Hofbesucher aus. Das bestehe hauptsächlich aus Bergkräutern, ein Leckerli für die Tiere, deren Art ursprünglich aus den Bergen Südamerikas stammt. Die Tiere stürzen sich auf die Schüsselchen – und Tilda juchzt, als Mathilde ihr die Kräuter mit ihren weichen Lippen sogar von der Hand nimmt.

Alpakahof Pausin
in Havelland

ALPAKAHOF PAUSIN
Havelland
Wansdorfer Weg 7, 14621 Schönwalde-Glien OT Pausin
Anfahrt mit dem Bus: Linie 671 bis Pausin
(circa 40 Minuten vom Rathaus Spandau)
Tel. (033231) 622 69, Mobil (0176) 57 96 23 45
Kosten: pro Person ab zehn Jahren 25 Euro für Wanderungen im Wald mit je einem Alpaka und anschließender Fütterung im Gehege (70 bis 80 Minuten). Kinder zwischen sechs und neun Jahren 20 Euro, Kinder unter sechs Jahren sind kostenfrei.
alpakahof-pausin.de

DIE BESTEN 5

Hoch hinaus zu den besten **Aussichtspunkten:** Ein Überblick über historische Industrieanlagen, spannende Stahlkonstruktionen und Naturbeobachtungstürme

Wasserturm Finow

Er ragt 44 Meter hoch über die Messingwerksiedlung in Eberswalde und ermöglicht einen 360-Grad-Rundumblick: Der Wasserturm in Finow wurde 1917/18 erbaut, um das historische Industriegelände zu versorgen. Vom Architekten Paul Mebes entworfen, gilt das Gebäude auch überregional als eines der ersten Beispiele für den »Backsteinexpressionismus« in Deutschland, der auch gotische Elemente nutzte. Man fährt barrierefrei bis ins zweite Geschoss, die restliche Höhe muss man zu Fuß überwinden. Oben im Museum angekommen erfährt man dann alles über die Industriegeschichte des Kupferwerks, die Villa der jüdischen Besitzerfamilie Hirsch und die Arbeitersiedlung seit dem 18. Jahrhundert. Von oben hat man bei klarer Sicht Ausblicke weit über das Finowtal und angeblich sogar bis zum Fernsehturm auf dem Alexanderplatz.

Eberswalde Am Wasserturm, Sa, So und Feiertage, 10–17 Uhr, April bis Ende Oktober, wasserturm-finow.de

Biotürme Lauchhammer

Was da in der Lausitzer Landschaft an das mittelalterliche Castel del Monte in Apulien erinnert, ist ein Industriedenkmal. Die »Turmtropfkörper« dienten seit Ende der 1950er-Jahre zur biologischen Klärung der Kokereiabwässer. Mit einem Gästeführer des »Traditionsvereins Lauchhammer« steigt man hoch auf einen der 24 Türme, aus 22 Metern Höhe hat man eine gute Aussicht über das Areal der einstigen Großkokerei.

Lauchhammer Finsterwalder Straße 57, Termine nach Absprache, biotuerme.de

Steinitzer Treppe

Vom Informationszentrum Steinitzhof aus sind es nur wenige hundert Meter bis zur beeindruckenden Stahlkonstruktion, die an einen typischen Förderturm erinnert. Sie ragt weit über die Bergkuppe an der Endmoräne über dem rekultivierten Tagebau Welzow-Süd hinaus. Auf über 171 Meter Höhe über Normalnull sieht man vom Oberlausitzer Bergland im Süden über die Ausläufer des Spreewalds bis hoch zur Kuppel von Tropical Islands.

Drebkau OT Steinitz, durchgehend geöffnet drebkau.de

Cottbuser Ostseeturm

Einen Blick in die Zukunft vermittelt der Turm am Cottbuser Ostsee: Spätestens 2030 soll die Flutung des ehemaligen Braunkohletagebaus beendet sein und hier mit 19 Quadratkilometern und über 60 Meter Tiefe der größte See Brandenburgs liegen. 173 Treppenstufen führen nach oben, von wo man die Ausmaße der einstigen riesigen Wasserfläche schon erahnen kann. Badestellen, Hafenanlagen, Wochenendhäuser sowie eine touristische Infrastruktur mit Sport- und Freizeitangeboten sind in Planung, ebenso Radwege um den See und in die nähere Umgebung, alles Teil eines nachhaltigen touristischen Konzepts. Sogar professionelle Fischerei soll hier bald möglich sein.

Cottbus OT Merzdorf
cottbuser-ostsee.de

Beobachtungsturm Mescherin

Seit über 20 Jahren darf sich die Natur im Staffelder Polder, einer Flussauenlandschaft im Nationalpark Unteres Odertal, ungestört entwickeln. Hat die Oder stärkeren Zufluss im Frühjahr oder bei Regenfluten, darf sich im einst trockengelegten Moor das zusätzliche Hochwasser wieder ungestört ausbreiten. Die unberührte Natur, die wilde Flora und die seltenen Tieraten, von der Libelle bis zu den Kranichen, kann man vom 15 Meter hohen Holzturm beobachten.

Mescherin
einzigartiges-unteres-odertal.de

TEXTE Michael Pöppl

Kultur

Märchenwelt im Havelland

Halb barock, halb klassizistisch liegt Schloss Kleßen mitten im idyllischen Naturpark. Wer hier einkehrt, kann sich ein bisschen fühlen wie einst die gräfliche Herrschaft. Ein Besuch bei den Schlossbesitzern sowie im dazugehörigen Kinderbuch- und Spielzeugmuseum

TEXT **SUSANNE KIPPENBERGER** FOTOS **MARCUS GLAHN**

Direkt vom Schlosspark aus führt ein Weg durch den Wald zum Badesee mitten in der Naturlandschaft

Und plötzlich tut sich die Idylle auf. Die Anfahrt zieht sich, erst in Berlin über die Heerstraße, dann die B5, immer geradeaus, geradeaus – und noch weiter geradeaus. Aber dann, einmal abgebogen in die Allee, tauchen wir ein in eine andere Welt, wo sich Kranich, Storch und Hirsche gute Nacht sagen, und die Nachtigall singt. Eine Märchenwelt im Havelland. In der wir zu Stall- und Schlossbewohnerinnen werden.

Der Hof des alten Ritterguts ist wie ein Dorfplatz angelegt, mit Wildblumenwiese, Backsteintürmchen und dem Trakt mit Gästewohnungen, denen man nicht ansieht, dass darin mal die Stallungen waren. Ein Cottage-Garten-Blumenstrauß in zarten Farben begrüßt uns auf dem Küchentisch, auf dem Bett liegen Decken in hellem Grün. In unserem Gärtchen trinken wir Kaffee, den Kuchen haben wir in weiser Voraussicht mitgebracht. Die Versorgungslage in Kleßen ist desolat.

Durchs gelbe Schloss hindurch – halb barock, halb klassizistisch – spazieren wir in den Park, der Rasen von hohen Bäumen eingefasst, durchstreifen die kleine Allee, die Obstwiese und die Gärten, hinter Hecken versteckt, die nach englischem Vorbild wie einzelne Räume angelegt sind, mit Stauden, Obst und Gemüse, Schnittblumen, Rosen. Aus dem Park hinaus führt der Weg in den Wald zum Badesee mitten im Naturpark, 52 Hektar groß, aber kaum ein Mensch zu sehen.

Beim üppigen Frühstück am nächsten Morgen dann sitzen wir am weiß gedeckten Tisch auf der großen Terrasse, mit Blick hinunter in den gepflegten Park. Die Stoffservietten stecken in Ringen, vom Salzfässchen bis zum Kaffeekännchen ist alles, wie es sich für Schlossbewohner gehört. Wir kommen uns wie die Herrschaft vor. Gut, dass wir es nicht wirklich sind. Dann könnten wir uns nicht einfach zurücklehnen und genießen, hätten ein paar Jahrzehnte Arbeit hinter uns und müssten uns ständig kümmern und planen.

Davon kann Sabine Thiedig singen wie die Nachtigall. Ein zweiter Besuch, wieder ein herrlicher Sommertag, die Schlossherrin und ihre Tochter sitzen auf der erhabenen Terrasse, erschöpft, aber glücklich von den Feierlichkeiten in der Woche zuvor. Es gab zwei große Geburtstage zu feiern: der 300. des Schlossbaus (das Rittergut selbst ist noch viel älter, wurde 1352 das erste Mal erwähnt). Und 30 Jahre Thiedigs in Kleßen. Die ganze Familie hat angepackt, selbst der fünfjährige Enkel Kartoffeln geschält. Es gab viel zu tun. »Feste dauern bei uns immer drei Tage.« Die große Rede hielt Hartmut Dorgerloh, heute Generalintendant des Humboldt Forums, 1993 noch Brandenburgs Denkmalschützer. Damals hatte er kaum Hoffnung, dass die Ruine von Kleßen sich noch flicken ließe. Aber da kannte er Hans-Jürgen Thiedig schlecht. Der Anfang 2023 verstorbene Unternehmer hatte sich was vorgenommen. »Nach der Wende

In Stein gemeißelt: Das alte Rittergut wurde vor rund 300 Jahren zum Schloss ausgebaut. Familie Thiedig erwarb es 1993, um es vor dem Verfall zu retten und aufwendig zu renovieren. Heute empfangen die Schlossherrin Sabine Thiedig und ihre Tochter Caroline dort Feriengäste

Lichtdurchflutet: die wunderschön wiederhergestellten Bibliotheksräume im Schloss Kleßen

Übernachtungsgäste können in einer der Ferienwohnungen das Schlossleben genießen

wollte mein Mann als Westberliner sofort was heile machen«, erzählt seine Frau. Wie er auf das Haus gekommen ist? »Im Nebel!«, sagt Sabine Thiedig und lacht. Gemeinsam hatten sie Brandenburg vergeblich abgeklappert, ohne Ergebnis, eines Tages, er war allein unterwegs, hat er das Schloss entdeckt. Seine Frau hat monatelang gegen das Projekt gekämpft, wie sie erzählt. Ihr graute vor dem, was da kommen würde: »Die Geschossdecken waren durch, man konnte nur wie ein Storch durchgehen.« Davon zeugen die haarsträubenden Fotos in der zum Jubiläum neu eingerichteten Ausstellung zur Geschichte des Guts, auf dem Jahrhunderte lang, bis 1932, die Grafen Bredow lebten. Nach 1945 zogen 17 Flüchtlingsfamilien ein, einzelne Räume wurden als Klassenzimmer, Turnhalle, Gemeindebüro, Konsum, Jugendclub und Kindergarten genutzt. »Ab 1976 Verfall des Hauses«, heißt es trocken in der Dorfchronik, die in der heutigen schmucken Bibliothek ausliegt. Vier Jahre später ziehen die letzten Bewohner aus.

Trotz des maroden Zustands erkannten sie den Charme der Anlage

Trotz des maroden Zustands der Bauten: Den Charme der Anlage hat auch Sabine Thiedig damals erkannt. »Das hatte so was Intimes.« Außerdem kannte sie ihren Mann besser als Herr Dorgerloh. Also gab die Apothekerin ihren Beruf auf, Tochter Caroline und Sohn Philipp, damals Teenager, wurden mitgeschleppt – und übernehmen heute das operative Geschäft.

Dass sie so kurz nach der Wende mit der Renovierung begonnen haben, war ein Glücksfall. Denn weil im Osten damals viele ihre Häuser modernisierten, gab es historische Baustoffe zuhauf: vom Backstein bis zu Fliesen, von Dielen bis zum Dachziegel. Und die Kosten waren im Vergleich noch erträglich. Heute wäre das Ganze unbezahlbar. Allein die 82 Fenster!

Inspiration aus England

Zum Glück hat Sabine Thiedig Humor, zusammen mit ihrer Tochter lacht sie viel im Gespräch, das der Springbrunnen mit seinem Plätschern untermalt, ein Hahn kräht dazwischen. Der Park, der heute so ein geschlossenes Bild abgibt, war damals ein Flickenteppich aus 20 Grundstücken, manche nicht mehr als 50 Quadratmeter groß, welche die Familie alle einzeln kaufen musste.

»Eine Zukunft für unsere Vergangenheit«, lautet das Motto, das die Thiedigs sich gaben. Ein Vorbild hatten sie auch: den englischen Landmark Trust, der historische Bauten erhält, und durch Übernachtungsgäste finanziert.

Ulrike Hogrebe, eine gute Freundin der Thiedigs, hat Malerei an der Hochschule der Künste in Berlin studiert. In ihrem Atelier in der Umgebung von Schloss Kleßen widmet sie sich aber auch der Keramik: farbenfroh und fantasievoll

2006 eröffnete das Spielzeugmuseum von Kleßen. Dessen Leiter Frithjof Hahn präsentiert das Highlight der Sammlung: die Märklin-Eisenbahn

Überhaupt holten sie sich auf den jährlichen Englandreisen viel Inspiration, gerade für die Gärten. Kein Wunder, dass man in Kleßen Croquet spielt.

Den Lindengang hat Sabine Thiedig selbst angelegt, den Iris Walk nennt sie ein »must have«. Die 73-Jährige ist eine Schwärmerin, schwärmt vom Gartenbuchautor Günter Mader, den sie durch Zufall entdeckten und mit dem sie peu à peu ein Konzept entwickelten: »Ein absoluter Glückstreffer«. Sie schwärmt von den Singschwänen, die sich zu Weihnachten auf dem See versammeln – »das ist wie Glockenklang«. Sie schwärmt von den Tomaten und drückt einem gleich eine kleine gelbe zum Probieren in die Hand, die sich als supersüß entpuppt, und von den Rosen, die sie aus England mitgebracht hat. Und von Fischer Schröder im nahe gelegenen Strodehne (wo der Künstler Bernhard Heisig gelebt und gearbeitet hat), bei dem es Zander und Hecht, Aal und Saibling, Karpfen und Wels gibt. Im Imbiss wird gebratenes Brassenfilet mit selbst gemachtem Kartoffelsalat serviert. Wem das zu bequem ist, der fährt selbst mit dem Fischer auf den Gülper See raus und lässt sich hinterher den frischen Fang als Menü servieren.

Zwei Museen liegen gleich hinter den Schlossmauern

In Kleßen selbst sieht es kulinarisch düster aus. Das idyllische Schlosscafé in und an der Orangerie war im letzten Sommer geschlossen: aus Mangel an Personal, ein Riesenproblem. Ein Restaurant existiert hier nicht, nicht mal ein Tante-Emma-Laden. 1932 gab es, wie die Dorfchronik berichtet, bei gleicher Einwohnerzahl, noch einen Bäckermeister und zwei Wirte, 1991 gleich zwei Lebensmittelläden. Alles weg. Einmal die Woche kommt noch die fahrende Bäckerei im Klingelbus.

Dafür kommen jetzt aber zwei Museen auf rund 350 Einwohner! Sie liegen in roten Häuschen, gleich hinter den Schlossmauern.

Blechfiguren und Teddybären

Zu den vielen Leidenschaften des umtriebigen Herrn Thiedig gehörte nämlich das Sammeln, nicht nur von historischen Baustoffen, von denen die Familie, die hauptsächlich in Berlin lebt und arbeitet, heute noch zehrt. Im 2006 eröffneten Spielzeugmuseum von Kleßen ballen sich jetzt Thiedigs Schätze zusammen mit denen eines anderen Berliner Sammlers, Claus-Peter Jörger: Blechfiguren und Puppenstuben, Zinnsoldaten und Kaufläden, Brettspiele und Kasperletheater,

Kümmern sich um das 2020 eröffnete Kinderbuchmuseum: Birgit Jochens und ihr Ehemann Klaus-Dietrich Schulze

Tom Seidmann-Freud war die Nichte Sigmund Freuds und eine begabte Kinderbuchillustratorin. Ihr berühmtestes Werk: »Die Fischreise«

gedrechselte Bauernhöfe und Schaukelpferde, Teddybären und Schlitten. Ein Gefühl wie Weihnachten, selbst mitten im August. »Am liebsten würde ich alles mit nach Hause nehmen«, hat ein Junge ins Gästebuch geschrieben. Das Vergnügen ist generationsübergreifend: Oft kommen Großeltern mit ihren Enkeln. Nie ging es in der alten Dorfschule wohl so vergnügt zu wie heute. Im ersten Stock folgt der Höhepunkt. Auf einem 30 Quadratmeter großen Tisch entfaltet sich die Märklin-Eisenbahn in einer ganzen Landschaft mit Bergen, Brücken und 13 Bahnhöfen. Die Lok fährt und fährt und fährt. Garantiert zuverlässiger als bei der Deutschen Bahn.

2020 folgte das Kinderbuchmuseum, das Birgit Jochens – Berlinern bekannt als Buchautorin und langjährige rührige Leiterin des Museums Charlottenburg-Wilmersdorf – mit Unterstützung ihres Mannes Klaus-Dietrich Schulze eingerichtet hat. Hier zeigt sie Thiedigs zweite Sammlung, ergänzt durch Sonderausstellungen, Bilderbücher aus der Zeit der Aufklärung bis in die 1960er-Jahre, lauter Raritäten, in Vitrinen präsentiert. Das Paar kommt im Sommer immer am Wochenende raus zum Arbeiten. Aus Vergnügen, wie Jochens sagt, wegen der Umgebung, aber auch, weil sie mit den Besuchern in den intimen Räumen so schnell ins Gespräch kommt. Im Museum werden die Lebensgeschichten der Autoren und Illustratoren erzählt, viele Frauen darunter. Geschichten, die gar nicht märchenhaft klingen. Wenn, dann ist es ein gruseliges Märchen. Einen Schwerpunkt bilden die Zeiten von Jugendstil und Neuer Sachlichkeit. Darunter finden sich die hinreißenden, ganz modern wirkenden Bilderbücher von Tom Seidmann-Freud, Nichte des großen Sigmund, »der ans Geniale grenzende Illustratorin von Kinderbüchern, zum Teil auch deren Verfasserin«, wie Gershom Scholem ihr attestierte, die in London Kunst studiert hatte. Als der Verlag pleite ging, den sie mit ihrem Mann gegründet hatte, nahm dieser sich das Leben, woraufhin sie Depressionen bekam und einige Monate später an einer Überdosis Schlaftabletten starb. Ihre Tochter konnte sich nach Palästina retten, ihre Mutter wurde im Holocaust ermordet.

In Kleßen liegt das berühmteste Buch von Tom Seidmann-Freud aus: »Die Fischreise«. Es erzählt die Geschichte eines Jungen, der im Traum in ein utopisches Land kommt, wo alle friedlich zusammenleben und kein Kind Hunger leiden muss. Gewidmet hat Seidmann-Freud es ihrem Bruder, der in einem See in der Nähe von Berlin ertrunken war.

Auch heute möchte man sich an die Utopie des Bilderbuchs klammern. Und so guckt man ein paar Tage lang nicht über den Heckenrand. Höchstens, um die japanischen Gärten namens Roji zu besuchen, die am Fliederweg liegen, oder ins Gasthaus zu gehen, das liegt am »Backofenberg«. So viel Märchen muss sein.

TIPPS

HINKOMMEN

Mit dem Auto
Das ist am besten, um auch Ausflüge machen zu können: in einer bis anderthalb Stunden von Berlin über Ribbeck nach Kleßen.

Mit dem Zug bis Friesack, dann weiter mit dem Bus – das dauert gut zwei Stunden. Von Frühjahr bis Spätherbst gibt es die Tourismus-Bus-Verbindung Havelland, die von Nauen über Ribbeck, Friesack nach Kleßen – und weiter über Rhinow, Rathenow und Nennhausen zurück nach Nauen führt.

Schloss Kleßen
in Havelland

Schloß Kleßen
Doppelzimmer ab 85 Euro, Ferienwohnung ab 90 Euro, plus Endreinigung. Frühstück wird es wegen Personalmangels 2024 nicht geben. Das Schloss ist auch Standesamt.
Lindenplatz 1, 14728 Kleßen
schloss-klessen.de
Die Museen haben von März bis November mittwochs bis sonntags 11 bis 17 Uhr geöffnet. Dort bekommen Besucher auch den Schlüssel zum Park. Es wird ein Honesty-Café mit Wasser, Kaffee und Kuchen geben.
spielzeugmuseum-havelland.byseum.de
Das Schloss wird auch wieder Teil der Havelländischen Musikfestspiele sein, aktuelle Termine auf der Webseite.

Dorfkirche
auf Anfrage zu besichtigen bei Egon Haacke:
Tel. (033235) 226 11

Pop-up-Bar Donnerlittchen
In den Brandenburger Sommerferien (18. Juli bis 31. August) wird eine Freundin von Caroline Thiedig am See wieder ihre Pop-up-Bar öffnen.

RUMKOMMEN

In der Umgebung gibt es zahlreiche attraktive Besichtigungsmöglichkeiten: Ribbeck, Rathenow, Havelberg, Neustadt an der Dosse und Kyritz.

Künstlerdorf
In Neuwerder, ein winziges Dorf, leben mehrere Künstlerinnen und Künstler, die regelmäßig Kunstfestivals organisieren. Ulrike Hogrebe verkauft dort in ihrem Atelier Malerei und farbenfrohe Keramik.
ulrike-hogrebe.de

Roji Japanische Gärten
Der Schaugarten kann regelmäßig besichtigt werden. Termine siehe Webseite. Eintritt: 6 Euro.
Fliederweg 31
16845 Bartschendorf
Tel. (033970) 860 20, roji.de

Lilienthal-Centrum Stölln
In Stölln steht der nach eigenen Angaben älteste Flughafen der Welt, wo Pionier Otto Lilienthal seine ersten Versuche startete und sich heute eine Ausstellung über das Fliegen im Allgemeinen und Otto Lilienthal im Besonderen befindet. In der Lady Agnes, einem Flugzeug vom Typ Iljuschin Il-62, wird die Geschichte der Interflug erzählt. In der Maschine hat das Standesamt auch eine Außenstelle, dort darf geheiratet werden. Lilienthals Bruder übrigens, erfahren die Besucher des Spielzeugmuseums, war der Erfinder des Anker-Steinbaukastens.
otto-lilienthal.de/lilienthal-centrum-stoelln

GENIESSEN

Da es in Kleßen selbst kein Lokal gibt, empfiehlt sich für Tagesausflügler ein Picknickkorb, für Gäste der Ferienwohnungen ein paar Vorräte mitzubringen. Ein Auto erhöht die Versorgungsmöglichkeiten.

Fischerei Schröder
Hofladen und Imbiss sind Donnerstag bis Samstag geöffnet. Schröder bietet regelmäßige Bootsfahrten zum Fischen mit anschließendem Menü an.
Gahlberg 2, 14715 Havelaue
OT Strodehne
fischerei-schroeder.eu

Gasthof Stadt Berlin
Ebenfalls in Strodehne liegt das Gasthaus mit deutscher Hausmannskost.
Backofenberg 14
gasthof-heinrich.de

KURZTRIP
Potsdam

Die Landeshauptstadt bietet mehr als Sanssouci und Holländer-Viertel. Ein Besuch an Orten der Wissenschaft und der Künste sowie ein kulinarischer Abstecher nach Babelsberg

TEXT **HEIKE GLÄSER**

Ein bisschen Geduld sollte man mitbringen, wenn man den Wissenschaftspark am Telegrafenberg besucht, denn es dauert ein wenig, bis der Einsteinturm zwischen den Bäumen zu sehen ist. Zuvor spaziert man an anderen astronomischen und meteorologischen Observatorien vorbei, die aus dem 19. Jahrhundert stammen. Eines der Gebäude, das Michelson-Haus, befindet sich an der höchstgelegenen Stelle des englischen Landschaftsgartens. Heute ist dort das Potsdamer Institut für Klimafolgenforschung untergebracht. Dahinter steht der Große Refraktor und dann endlich taucht er auf, der Einsteinturm, eine Ikone expressionistischer Architektur. Das beeindruckende Bauwerk des Architekten Erich Mendelsohn entstand zwischen 1919 und 1924

Lichtdurchflutet: Arbeitsraum im Einsteinturm

in Zusammenarbeit mit Albert Einstein höchstselbst und dem Astronomen Erwin Finlay Freundlich.

Wem es gelingt, eine der gefragten Führungen zu besuchen, darf das seinerzeit bedeutende Sonnenteleskop im Inneren besichtigen. Hier sollte die Relativitätstheorie Einsteins praktisch nachgewiesen werden. Seit seiner Errichtung wurden am Einsteinturm zahlreiche Experimente und Studien in der Sonnenphysik durchgeführt. Nach den Renovierungsarbeiten in den vergangenen Jahren erstrahlt der Turm seit Herbst 2023 wieder in neuem Glanz. Nach Analysen des Außenputzes konnte man den bauzeitlichen Farbton wiederherstellen, auch die Kuppel und Dächer haben den gleichen Farbton erhalten. Ein Besuch lohnt sich – auch ohne Führung.

Minsk: einst Terrassencafé – heute Museum

Vom Wissenschaftspark aus dauert es keine Viertelstunde, um das Kunsthaus Minsk zu erreichen. Das ehemalige Terrassenrestaurant aus DDR-Zeiten entstand in den 1970er-Jahren. Das Café Minsk hatte seine besten Zeiten längst hinter sich, verfiel ab Mitte der 1990er-Jahre, bis es Hasso Plattner kaufte und vor dem Verfall rettete. 2019 wurde es als Gegenentwurf zum Museum Barberini eröffnet – als Ort für seine DDR-Kunstsammlung. Zuletzt war eine Schau über Louis Armstrongs Tour in der DRR 1965 zu sehen, die nächste Ausstellung »Soft Power« (ab 16. März) befasst sich mit Textilgestaltung als künstlerischem Ausdrucksmittel. Sehr gelungen ist auch die Gestaltung des Museumscafés Hedwig, benannt nach der Keramikerin Bollhagen. Die Front des Tresens wurde mit schwarz und cremefarbig glasierten Fliesen ummantelt und auch das Kaffeegeschirr stammt aus den HB Werkstätten.

Gastgeber Lesya und Uwe Richter im Lewy

Wer beim Essen Wert auf gute Qualität legt, geht ins Lewy. Vor einem Jahr ist das sympathische Lokal aus Potsdams Innenstadt nach Babelsberg gezogen. Die Räumlichkeiten, in denen sich zuletzt ein Nähmaschinenladen befand, haben die Betreiber Lesya und Uwe Richter mit viel Liebe umgebaut. Der Gastraum ist wesentlich größer als am alten Standort, ein zehn Meter langes Wandgemälde der Künstlerin Lena Petersen dominiert den Raum. Tagsüber ist das Lokal ein Café mit Kuchen aus der Konditorei Rabien, abends Weinbar. Das kulinarische Angebot ist gleich geblieben: frische Pasta (die Carbonara Südtiroler Art ist legendär!), einige ukrainische Spezialitäten und eine große Auswahl an hervorragenden offenen Weinen. Neu ist das umfangreiche Frühstücksangebot. Ein Ort, der glücklich macht.

TIPPS

Einsteinturm
Albert-Einstein-Straße, 14473 Potsdam
Leibniz-Institut für Astrophysik, aip.de
Der »Wissenschaftspark Albert Einstein« ist tagsüber geöffnet, eine Außenbesichtigung ist jederzeit möglich. Führungen nur nach Voranmeldung unter urania-potsdam.de

Das Minsk
Max-Planck-Straße 16, 14473 Potsdam
Besucherservice Tel. (0331) 23 60 14-699
tägl. 10–19 Uhr, Di geschlossen

Lewy
Karl-Liebknecht-Straße 16, 14482 Potsdam
Tel. (0331) 60 07 75 99
Mi–Sa 10–22 Uhr
So 10–18 Uhr
Unbedingt reservieren!

Minna Cauer

Frauenrechtlerin und Demokratin, 1841 – 1922

Ihr Geburtshaus steht in Wittstock / Dosse im Ortsteil Freyenstein – inzwischen ist die Straße nach der engagierten Journalistin und Forscherin benannt. Sie kämpfte für Gleichberechtigung und war eine der wichtigsten Akteurinnen der radikalen bürgerlichen Frauenbewegung im deutschen Kaiserreich.

»Frauengeschichte sichtbarer machen«

INTERVIEW **BETTINA HOMANN** FOTOS **CHRISTIAN MARQUARDT**
ILLUSTRATIONEN **EVA FEUCHTER**, **NOA SNIR** & **EL BOUM**

Mit Infotafeln, einer Webseite und einer Wanderausstellung erinnert das Projekt FrauenOrte an das Leben und Wirken bedeutender Brandenburgerinnen. Ein Gespräch mit Sabine Hering, Sozialwissenschaftlerin und Initiatorin des Projekts

Annemirl Bauer

Malerin, 1939 – 1989

Die Künstlerin hatte einen unbändigen Drang zu malen, rund 16 000 Arbeiten umfasst ihr Werk, viele davon sind in Niederwerbig, einem Ortsteil von Mühlenfließ, entstanden. Sie kritisierte die Wehrpflicht, die Teilung Berlins und eine Einschränkung der Reisefreiheit – mit Folgen. Es wurde ihr nahegelegt, die DDR zu verlassen, was sie ablehnte. Kurz vor dem Mauerfall starb sie im Alter von 50 Jahren.

Clara von Simson aus Caputh war die erste Frau, die sich an der TU Berlin in Physik habilitierte, Emilie Winkelmann Deutschlands erste selbstständige Architektin. Und die in Neuruppin geborene Eva Strittmatter gehört zu den populärsten Dichterinnen des 20. Jahrhunderts. Drei Beispiele für ungewöhnliche Frauenbiografien in Brandenburg, die nicht jeder kennt und die in dem 2010 gegründeten Projekt FrauenOrte gewürdigt werden. Auch Frauen der Zeitgeschichte sind dabei, etwa Regine Hildebrandt, die als Politikerin die Nachwendezeit in Brandenburg entscheidend mitgestaltet hat. Initiatorin der FrauenOrte ist Sabine Hering, Sprecherin des Frauenpolitischen Rates Brandenburg. Sie spricht über männliche Geschichtsschreibung, starke Frauen und die Wichtigkeit von Vorbildern.

Frau Hering, wie ist das Projekt entstanden? Die Initiative Kulturland Brandenburg setzt jedes Jahr ein anderes Thema. 2010 lautete es »Mut & Anmut. Frauen in Brandenburg-Preußen«. Ich karikiere das Motto gerne und nenne es »Not & Armut«, weil das ja leider damals eher die Realität von Frauen war. Daraus ist das Projekt entstanden, mit dem Ziel, Frauen und ihren Beitrag zur Geschichte sichtbarer zu machen.

Warum ist mehr Sichtbarkeit wichtig? Weil Geschichte immer noch Männergeschichte ist. Ob es Geschichtsbücher sind oder Straßennamen – es ist erschütternd, wie gering der Anteil von Frauen ist, die überhaupt wahrgenommen werden. Und wenn man sie zur Kenntnis nimmt, dann häufig nur, weil sie an der Seite berühmter Männer gestanden haben, also als Ehefrau, Schwester oder Tochter von …

Werden diese nicht als eigenständig wahrgenommen? Meistens erst dann, wenn sie nach dem Tod der Männer die Verantwortung übernehmen müssen: etwa ein Gut, ein Unternehmen oder eine Fabrik. Ein gutes Beispiel ist Clara Hoffbauer, die nach dem Tod ihres Mannes sehr erfolgreich die Hoffbauer-Stiftung aufgebaut hat, die sich der Bildung und Krankenpflege widmet.

Emilie Winkelmann

Architektin, 1875 – 1951

Erst kurz vor der Abschlussprüfung flog auf, dass sich hinter dem »E. Winkelmann« kein Emil, sondern eine Emilie verbarg. Sie wurde nicht zum Staatsexamen zugelassen, weil sie eine Frau war. Dennoch hatte sie Erfolg: Sie war die erste selbstständige Architektin Deutschlands, beschäftigte bis zu 15 Angestellte und gewann Wettbewerbe und Preise. 1928 wurde sie sogar in den Bund deutscher Architekten aufgenommen. Ihre Karriere endete 1933, als sie sich weigerte, in die NSDAP einzutreten.

»Ob es Geschichtsbücher sind oder Straßennamen – es ist erschütternd, wie gering der Anteil von Frauen ist, die überhaupt wahrgenommen werden«

Sabine Hering
Sozialwissenschaftlerin

Regine Hildebrandt

Politikerin, 1941 – 2001

Ab 1989 engagierte sich die Biochemikerin in der Bürgerbewegung »Demokratie jetzt« und wurde ein Jahr später Ministerin für Arbeit, Soziales, Gesundheit und Frauen in Brandenburg. Viele haben noch ihre prägnante Stimme im Ohr. Hildebrandt nahm kein Blatt vor den Mund, war kompromisslos, schlagfertig und witzig. Und ist viel zu früh verstorben.

Bei der Hoffbauer-Stiftung, die bis heute existiert, ist es wahrscheinlich nicht so schwierig, Informationen über die Gründerin zu finden. Wie sieht es bei anderen Frauen aus? Wenn es um Frauen geht, die ein eher alltägliches Leben geführt haben wie Arbeiterinnen oder Bäuerinnen, sind die Recherchen tatsächlich viel schwieriger. Solche Leben wurden ja kaum dokumentiert. Dabei sind sie genauso bedeutsam und interessant. Um Heinrich Heine zu zitieren: »Unter jedem Grabstein liegt eine Weltgeschichte.«

Bevor die Frauen sichtbar gemacht werden können, braucht es also viel Forschung? Genau. Zum Beispiel muss man die Künstlerinnen, die relativ unentdeckt irgendwo gearbeitet haben, erst einmal finden. Man muss sich aber ganz grundsätzlich damit beschäftigen, wie Frauen sich überhaupt bestimmte Berufe erschlossen haben, Lehrerinnen geworden sind, Erzieherinnen, Journalistinnen. Über eine Frau wie Regine Hildebrandt ist viel bekannt, bei anderen müssen wir erklären, was sie gemacht haben und warum sie bedeutend sind.

Was erhoffen Sie sich von dem Projekt? Ich denke, Geschichte ist immer ein Stück Identität. Wenn ich als Frau versuche, eine Identität jenseits der Marginalität zu suchen, brauche ich Vorbilder – und zwar aus ganz unterschiedlichen Bereichen. Das können erfolgreiche Pädagoginnen sein, Unternehmerinnen, Musikerinnen. Oder einfach Frauen, die ihr Leben abweichend von der Norm für sich gestaltet haben.

Es gibt die Tafeln an den Orten, an denen Frauen gewohnt oder gearbeitet haben. Gibt es noch weitere Angebote? Ja, es gibt die Hörspaziergänge, eine Art Podcast-Format, die man sich vor Ort anhören kann und mit denen man noch tiefer in die Geschichten eintauchen kann. Bisher gibt es zwei, wir arbeiten gerade an einem dritten. Da wird mit Klängen gearbeitet, Assoziationen, Emotionen.

Clara von Simson

Physikerin, Chemikerin und Politikerin, 1897 – 1983

Sie stammt aus wohlhabendem Haus, besuchte eine Höhere Töchterschule, studierte ab 1918 Mathematik, Physik und Chemie und promovierte 1923. Während der Nazizeit war ihr die Teilnahme am Unibetrieb verboten, weil sie einen jüdischen Urgroßvater hatte. In der Nachkriegszeit kehrte sie in die Wissenschaft zurück, habilitierte sich in Physik, engagierte sich in der Anti-Atombewegung, wurde Vorsitzende des Lette-Vereins und ging in die Politik.

DAS MINSK
KUNSTHAUS IN POTSDAM
SOFT POWER
16.03.2024 – 11.08.2024
NOAH DAVIS
07.09.2024 – 05.01.2025
TÄGLICH 10 — 19 UHR
DIENSTAG GESCHLOSSEN
@DASMINSK
DAS MINSK Kunsthaus in Potsdam
Max-Planck-Straße 17, 14473 Potsdam
dasminsk.de

Else Weil

Ärztin, 1889 – 1942

Sie war eine der ersten Medizinstudentinnen in Preußen, promovierte bei Karl Bonhoeffer und arbeitete auch einige Jahre als Ärztin. Bekannter wurde sie unter dem Namen Claire, als Hauptfigur in Kurt Tucholskys Erzählung »Rheinsberg. Ein Bilderbuch für Verliebte«. Während ihrer Studienzeit unternahm das damals unverheiratete Paar 1911 einen Ausflug nach Rheinsberg.

Sabine Hering geboren 1947 in Hamburg, lebt seit 2012 in Potsdam. Sie ist Sozialwissenschaftlerin mit den Forschungsschwerpunkten Geschichte der Frauenbewegung, deutsche und internationale Wohlfahrtsgeschichte und die Geschichte der Sozialdemokratie. 1983 gründete sie mit Kolleginnen das Archiv der deutschen Frauenbewegung in Kassel – heute Stiftung Archiv der deutschen Frauenbewegung. 1993 bis 2012 war sie als Professorin an der Universität Siegen tätig, heute ist sie unter anderem Sprecherin des Frauenpolitischen Rates Brandenburg, der das Projekt FrauenOrte koordiniert. 2018 wurde Hering für ihre Forschungen mit dem Bundesverdienstkreuz ausgezeichnet.

Ist eine solche emotionale Aufbereitung wie bei den Podcast-Formaten wichtig? Eine Tafel anzubringen, die man lesen muss, ist vielleicht ein bisschen altbacken. Ich liebe das zwar nach wie vor, aber es ist wichtig, auch andere Wege zu gehen, um Interesse zu wecken. So ist zum Beispiel eine Kooperation mit der Bahn geplant, die an bestimmten Orten auf die FrauenOrte hinweist.

Nach welchen Kriterien werden die Frauen ausgewählt? Wir machen es uns nicht leicht mit der Auswahl. Auf der einen Seite sollen die Frauen natürlich verdienstvoll sein, sich durch besondere Leistungen auszeichnen. Und sie sollen integer sein. Aber auf der anderen Seite möchten wir auch keine heiligsprechen und auf den Sockel heben, sondern auch Ambivalenzen und Schwierigkeiten nicht verschweigen. Da geht es zum Beispiel manchmal um rassistische oder kolonialistische Ansichten, die aus heutiger Perspektive schwierig sind.

Sie fordern ja dazu auf, Vorschläge zu machen. Ja, das ist sehr wichtig. Wir sind auf das Engagement von Menschen angewiesen, die Frauen aus ihrer Region, ihrer Gemeinde vorschlagen und dann auch bereit sind, sich um eine Tafel zu kümmern oder vielleicht auch mal eine Führung anzubieten. Es soll ein Gemeinschaftsprojekt sein, an dem viele mitwirken und teilhaben. Das ist auch deshalb wichtig, weil Brandenburg ein Flächenland ist und wir von Potsdam aus nicht jeden letzten Winkel erkunden können.

Gibt es Frauenbiografien, von denen Sie sagen würden, dass sie typisch Brandenburg sind? Das ist eine schwierige Frage. Auf alle Fälle findet man viel typisch preußische Geschichte, also verbunden mit einem militärisch und administrativ ausgerichteten Staatswesen. Preußisch heißt auch sehr evangelisch. Auf der anderen Seite war das »rote Brandenburg« ein »Bollwerk« gegen den Faschismus, d. h., die Zahl der Widerstandskämpferinnen, die durch Tafeln geehrt wurden, ist hoch.

Und wie sieht es nach 1945 aus – später in der DDR-Geschichtsschreibung? Das ist natürlich ein interessanter Punkt, weil in der DDR – unter »Führung der Arbeiterklasse« und SED – eine sehr einseitige Geschichtsschreibung auch im Blick auf die Frauen erfolgt ist. Da fallen zum Beispiel Sozialdemokratinnen raus – und bürgerliche Frauen sowieso.

Haben Sie persönlich eine Lieblingsfrau unter den Geehrten? Ich liebe Minna Cauer. Da ich mich nicht nur für Frauengeschichte allgemein, sondern vor allem für die Geschichte der Frauenbewegung – vorzugsweise des radikalen Flügels – interessiere, ist sie meine Favoritin.

Eva Strittmatter

Schriftstellerin und Dichterin, 1930 – 2011

Mit 22 Jahren lernte sie den damals bereits etablierten Schriftsteller Erwin Strittmatter kennen und lieben. Sie selbst veröffentlichte über 20 Gedichtbände, die in 17 Sprachen übersetzt wurden. Sie zählt zu den bekanntesten Dichterinnen ihrer Zeit.

FrauenOrte
Alle Frauen, die in Brandenburg Geschichte gemacht haben, finden sich unter frauenorte-brandenburg.de

KURZTRIP

Luckau

Ein Stadtspaziergang offenbart viel Historisches. Luckau, die Perle der Lausitz, hat eine von Kaufleuten, Mönchen und Gaunern geprägte Geschichte

TEXT **MICHAEL PÖPPL**

Es gibt kein Vorbeikommen an der Nikolaikirche, schon von der Stadtgrenze aus ist der imposante Bau mit den vergleichsweise kurzen Kirchtürmen zu sehen. Nicht nur von außen beeindruckt das Gebäude, das immer einen Besuch wert ist. Die dreischiffige gotische Backsteinkirche entstand in verschiedenen Bauphasen zwischen dem 13. und dem 15. Jahrhundert und zählt zu den wichtigsten mittelalterlichen Kirchenbauten

Die Barockorgel in der Nikolaikirche

in Berlin und Brandenburg. Drinnen stehen der prächtige Altaraufsatz von Abraham Jäger, einem regionalen Künstler und Tischler, und die eindrucksvolle Barockorgel des Leipzigers Christoph Donat. An den wichtigen Handelsstraßen nach Polen und

Die prächtigen Giebelhäuser in der Altstadt

Leipzig gelegen, war Luckau einst eine der wohlhabenderen Gemeinden in der Lausitz. Das sieht man nicht nur an der Kirche. In der von der Stadtmauer und dem Stadtgraben umgebenen historischen Altstadt stößt man beim Stadtspaziergang auf einige prächtige Giebelhäuser, deren Fassaden um 1700 von italienischen Stuckateuren mit bunten Figuren und Ornamenten verziert wurden. Frisch renoviert leuchten sie heute wie neu und zeugen vom damaligen Reichtum der hiesigen Patrizier.

Wer einen atemberaubenden Überblick über die Stadt im Spreewald gewinnen will, sollte den Hausmannsturm neben der Georgenkapelle besteigen. Der ehemalige Nachtwächterturm kann auch im Alleingang betreten werden, den Schlüssel dafür erhält man in der nahe gelegenen Kulturkirche. Dort befindet sich auch das sehenswerte Niederlausitzmuseum mit Ausstellungen zur Stadtgeschichte und zur Historie der Lausitz. Der weiß getünchte Bau der Kulturkirche war früher Teil des um 1300 gegründeten Dominikanerklosters, ab 1747 ein Zuchthaus und eine Armenanstalt, auch noch zu DDR-Zeiten ein Gefängnis und danach eine JVA. Noch bis 2005 war das Areal eine verbotene Stadt, um die die braven Bürger eher einen Bogen machten. Einige der Zellen, unter anderem die von Karl Liebknecht, der hier zu Kaisers Zeiten einsaß, sind im Museum noch zu besichtigen, Teil der Sonderausstellung über 250 Jahre Knastgeschichte.

Wer mit offenen Augen durch Luckaus Altstadt spaziert, findet an jeder Ecke Historisches und Interessantes. Geführte Touren zu unterschiedlichen Themen werden ebenfalls über das Niederlausitzmuseum angeboten.

Der Hausmannsturm bietet besten Überblick

Krönender Abschluss eines Luckau-Besuchs ist eine Pause im schönen Café Klinkmüller, wo es guten Kaffee und ganz fantastische Dessertörtchen, Kuchen und Pralinen gibt.

TIPPS

In der **Kulturkirche** sind diverse städtische Institutionen wie die Stadtbibliothek und die **Touristeninformation** untergebracht. Das zugehörige **Niederlausitzmuseum** beherbergt nicht nur Stadtgeschichtliches, sondern auch eine Dauerausstellung, in der die Geschichte der Besiedlung der Lausitz und die neuere Entwicklung der Region dokumentiert wird. niederlausitzmuseum-luckau.de

Kulinarisch versorgt werden die Besucherinnen und Besucher im **Ratskeller**, wo Saisonales und Regionales die Speisekarte bestimmen (ratskeller-luckau.com), oder im Café der **Konditorei Klinkmüller**, die für ihre tollen Kuchen und Törtchen bekannt ist. konditorei-klinkmueller.de

Luckau
in Dahme-Spreewald

Geschichtsträchtiger Ort: Hier verfasste Adelbert von Chamisso im Jahr 1813 »Peter Schlemihls wundersame Geschichte«. Das Museum in Kunersdorf widmet sich dem Leben und Werk des weit gereisten Dichters und Botanikers

Schlemihls wundersamer Geschichtsort

In Kunersdorf am Rande des Oderbruchs kann man sich bestens geistig anregen und kulinarisch verwöhnen lassen – bei einem Besuch im Chamisso-Museum und im Cham.Café

TEXT **DOROTHEE NOLTE**

Darf's ein Safrankuchen mit Pistazien sein? Oder persische Reismehlplätzchen zum Tee? Fariba Baghernejatha lacht. Sie weiß: Nicht jeder erwartet ausgerechnet hier persische Leckereien. Aber irgendwie passt es. Denn der Mann, dessen Geist in Kunersdorf am Rande des Oderbruchs weht, war ein früher Weltreisender: Adelbert von Chamisso. Und an dem Ort, wo Fariba gerade Kadayif-Walnusskuchen mit Vanilleeis serviert, schrieb der Dichter und Naturforscher eine Novelle, die ihn weit über Deutschland hinaus bekannt machte.

Einst stand hier ein Schloss, der »Musenhof der Frauen von Friedland«: Helene Charlotte von Lestwitz und ihre Tochter Henriette Charlotte von Itzenplitz betrieben in »Cunersdorf« um 1800 eine fortschrittliche Landwirtschaft und luden zur geistigen Anregung regelmäßig Gäste aus Berlin ein.

Die Humboldt-Brüder, die Bildhauer Johann Gottfried Schadow, Christian Daniel Rauch und Christian Friedrich Tieck, der Landwirtschaftsreformer Albrecht Daniel Thaer, Friedrich Carl von Savigny – sie alle waren zu Gast und rühmten die originellen Gastgeberinnen. Adelbert von Chamisso schrieb bei einem längeren Aufenthalt im Jahr 1813 hier »Peter Schlemihls wundersame Geschichte«, in der es um einen Mann geht, der seinen Schatten verkauft, von den Menschen verstoßen wird und fortan als botanisierender Gelehrter mit Siebenmeilenstiefeln die Welt durchwandert.

Dichter, Naturforscher und Weltreisender: Adelbert von Chamisso

Das Schloss mit der damals größten Privatbibliothek Preußens steht nicht mehr, es wurde im Krieg zerstört. Aber wer heute nach Kunersdorf kommt, kann immer noch geistige Anregung empfangen und sich neuerdings auch kulinarisch verwöhnen lassen. Denn das ehemalige Verwaltergebäude des Guts beherbergt eine ästhetisch ansprechende, moderne Ausstellung zu Adelbert von Chamisso. Und im

Persische Leckereien werden im Cham.Café serviert. Das Museumscafé führt das Ehepaar Fariba Baghernejatha und Saeed Pirkeh gemeinsam

weitläufigen Garten, dem ehemaligen Küchengarten des Schlosses, servieren Fariba und ihr Mann Saeed Pirkeh Kuchen, die dem Weltenbummler Peter Schlemihl gefallen würden. Besonders die Käsekuchen in verschiedenen Variationen – mit Karamell, Pistazien, Mohn, Mango – verführen Einheimische und Auswärtige dazu, sich in dem gepflegten Garten niederzulassen.

Ganz ohne öffentliche Förderung

Persische Leckereien in einem Dorf im Osten Brandenburgs – wie kam es dazu? »Wir haben im Chor die Gründerin des Museums Margot Prust kennengelernt«, erzählt Fariba. Damals lebte das Ehepaar, beide iranische Christen, in einer Gemeinschaftsunterkunft in Bad Freienwalde; sie hatten den Iran verlassen müssen und waren, nach einigen Jahren in Dubai, nach Deutschland gekommen. »Sie hat uns vom Chamisso-Museum erzählt und uns gefragt, ob wir sie unterstützen könnten.« Denn das 2007 eröffnete Museum, das die ehemalige Verlegerin Margot Prust zusammen mit dem Förderverein Kunersdorfer Musenhof e. V. in der charmanten Villa eingerichtet hatte, brauchte dringend Öffentlichkeit und Besucher. Bis heute existiert das Museum ohne öffentliche Förderung und wird allein durch das Engagement des Fördervereins getragen.

Fariba, eigentlich Regisseurin, und Saeed, Kameramann, ließen sich begeistern und drehten zunächst einen kurzen Film über das Museum. Anderthalb Jahre lang halfen sie als Bundesfreiwillige bei der Öffentlichkeitsarbeit. Daraus entstand dann die Idee, an diesem Ort auch Kuchen und Kaffee anzubieten und sich auf diese Weise eine eigene Existenz aufzubauen. »Wir arbeiten moralisch zusammen, aber wirtschaftlich getrennt.« So beschreibt Margot Prust die Kooperation zwischen dem Museum und dem »Cham.Café«. Fariba und Saeed haben im Erdgeschoss des Ge-

Bei den Gästen beliebt: Käsekuchen-Variation mit Pistazien

bäudes eine Küche und einen weiteren Raum gemietet, in dem sie backen und auch Büfetts für Familienfeiern und Veranstaltungen anrichten können. »Im Sommer wird das Angebot sehr gut angenommen, vor allem an den Wochenenden«, sagt Saeed. »Die Gäste genießen den Garten und die Verbindung von Kultur und Genuss.«

Persische Rosinenkekse auf der Zunge

Im Winter ist das Museum von Mittwoch bis Sonntag ebenfalls geöffnet, Café-Besucher können sich dann in einem der vier Räume des Museums zum Schmaus niederlassen. Wer darüber hinaus das Museum besuchen möchte, zahlt drei Euro Eintritt. Die Ausstellung präsentiert die Geschichte des Ortes, vor allem aber Leben und Werk des in Frankreich geborenen Adelbert von Chamisso, der sein Lebensgefühl einmal so beschrieb: »Ich bin Franzose in Deutschland und Deutscher in Frankreich, Katholik bei den Protestanten, Protestant bei den Katholiken … Ich habe nichts, wohin ich gehöre, ich bin überall fremd.« Ein Lebensgefühl, das sich in der Geschichte vom Peter Schlemihl ausdrückt und das viele Menschen mit Einwanderungsgeschichte auch heute gut nachvollziehen können.

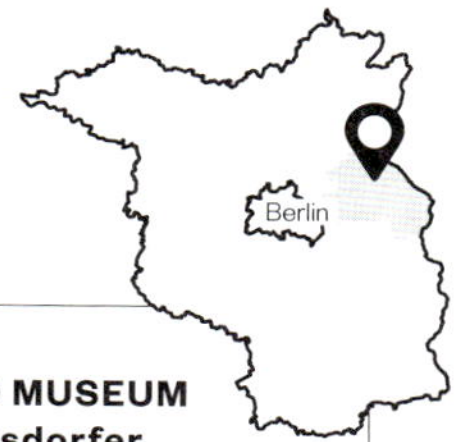

CHAMISSO MUSEUM
im Kunersdorfer Musenhof
Märkisch-Oderland
Dorfstraße 1
16269 Bliesdorf OT Kunersdorf
ganzjährig geöffnet
Mi–So 11–18 Uhr
Eintritt: 3 Euro
kunersdorfer-musenhof.de

CHAM.CAFÉ
Mi–So, feiertags 11–18 Uhr
chamcafe.de

Chamisso wird nicht nur als Dichter und Gast des Kunersdorfer Musenhofs gezeigt, sondern auch als Botaniker und Weltreisender: 1815 bis 1818 nahm er an einer russischen Weltumsegelung teil und brachte viele naturkundliche Gegenstände zurück nach Berlin.

»Die meisten Gäste des Museums kommen aus Berlin, Potsdam, Frankfurt (Oder), auch Eberswalde und Bad Freienwalde«, sagt Margot Prust. Der Verein Kunersdorfer Musenhof organisiert auch zahlreiche kulturelle Veranstaltungen, vom Chamisso-Vortrag über Klezmerquartett und Heine-Lesung bis zum Posaunenkonzert. Dann drängeln sich die Gäste im Museum und Garten und fühlen sich, persische Rosinenkekse auf der Zunge, womöglich wie weiland die Humboldt-Brüder und Chamisso auf dem Musenhof der Frauen von Friedland.

»ICH BIN EIN LANDEI«

TEXT **SABINE HÖLPER**
FOTO **CHRISTIAN SCHWARZENBERG**

Schauspieler oder Immobilienmakler? Ralph Herforth ist beides. Wenn er gerade nicht dreht, dann vermittelt er außergewöhnliche Häuser, Anwesen, Grundstücke vornehmlich in der Region. Er selbst lebt seit vielen Jahren im brandenburgischen Lindow

Still steht Amelie, die schöne Nonne aus Lindow, im See. Nur ein paar Enten umkreisen sie an diesem sonnigen Wintertag. Es handelt sich um eine Granitskulptur, erschaffen vom Bildhauer Peter M. Stajkoski. Im Juli 2007 wurde sie in den Wutzsee gehievt, seither erinnert sie Passanten an ihre besondere Liebesgeschichte. Ein paar Meter vom Ufer entfernt ist diese auf einer Tafel nachzulesen: Die Tochter des Grafen von Lindow verliebte sich einst in einen Jüngling von niederem Stand und wurde, weil die Eltern den Umgang verbaten, ins Kloster geschickt. Doch Jakob folgte ihr, kratzte ein Loch in die Klostermauer und befreite Amelie.

Wenige Schritte weiter, am Café Süße Ecke vorbei, befindet sich das Ristorante Pizzeria Fontana. Dort wartet der Schauspieler Ralph Herforth, um über seine Heimatstadt zu sprechen. »Ja, Lindow ist meine Heimat«, sagt er. Nicht das westfälische Herford, wo er herstammt, nicht Berlin, wo es ihn weit vor der Wende hinzog und wo er noch immer eine Wohnung besitzt.

So oft es geht, ist Herforth in seinem Haus am Gudelacksee, drei Steinwürfe vom Wutzsee entfernt. 2011 hat er es gekauft. Eine enge Beziehung zu Lindow hat er aber schon seit 1991, seit ein Freund anrief und sagte, er habe ein Bootshaus gemietet. »Komm doch mal vorbei.« Das erste Essen, damals schon im selben Gasthaus wie heute, allerdings unter anderen Besitzern, sei grässlich gewesen, erinnert sich Herforth. Die Natur aber, die drei Seen, die Lindow umgeben – all das hat ihm so gut gefallen, dass er wiederkam. 1996 ergab sich dann die Möglichkeit, ein Haus im Wald und am Wasser zu mieten. Es war der ehemalige Feriensitz von Hermann Axen, einem langjährigen Angehörigen des Politbüros des ZK der SED.

»Für mich als Westberliner war der Mauerfall die totale Befreiung«, sagt der 64-Jährige. Allerdings ist er nicht nach Ostberlin gefahren, sondern raus nach Brandenburg. »Ich bin ein Landei«, erklärt er. Deshalb habe er »die ersten acht Jahre nicht mitbekommen, was in Berlin los war«. Die Region Ostprignitz-Ruppin interessierte ihn mehr, dort konnte er seinen vielen Leidenschaften frönen. Er arbeitete bei einem Tischler und freute sich darüber, dass dieser sein Talent erkannte. Auch heute noch ist die Gegend wie für Herforth gemacht: Er paddelt auf dem Alten Rhin, braust mit dem Motorboot über den See, schwimmt regelmäßig und geht Kitesurfen auf der Müritz etwas weiter oben im Norden.

Immobilien suchen und finden

Sofern er nicht arbeitet, dreht. Erst kürzlich war er für Filmaufnahmen in Hamburg unterwegs. Vor wenigen Wochen konnte man ihn in einem Münchner Tatort sehen. Regelmäßig spielt Ralph Herforth den Kriminaler Matthias Hamm in der TV-Serie »Unter anderen Umständen« an der Seite von Natalia Wörner. Sein Gesicht kennt man seit Jahrzehnten auch aus dem Kino. Einer seiner Lieblingsfilme bis heute ist »Kurz und schmerzlos« von Fatih Akin aus dem Jahr 1998. Darin verkörpert er den skrupellosen Gangster Muhamer. Eine weitere Arbeit, die ihm besonders im Gedächtnis ge-

Seit 2007 holt sie sich nasse Füße im Wutzsee: die zwei Meter hohe und fast 1500 Kilogramm schwere Granitskulptur Amelie

»Ich habe die ersten acht Jahre nach der Wende nicht mitbekommen, was in Berlin los war«

Ralph Herforth
Schauspieler

blieben ist, sind die Dreharbeiten in Tunesien für den Film »Das Geheimnis in der Wüste«. Ihn beeindruckte, wie »blitzgescheit« der amerikanische Schauspieler und Regisseur Peter Weller war: »Wir schauten abends gemeinsam Videos und Peter erklärte uns jedes Detail.«

Herforths Filmografie ist lang. Doch die Einträge werden dünner. »Ich drehe nur noch, was mir gefällt«, sagt er. Immer öfter lehnt er Rollen ab, weil ihm die Bücher oder die Regie nicht zusagen. Leisten kann er es sich, auch wegen einer weiteren Leidenschaft: den Immobilien. Seit 2011 betreibt er gemeinsam mit der Geschäftspartnerin Katrain Vent die Agentur »Lebe lieber ungewöhnlich«. Angefangen hat die Maklerei, als Herforth Kollegen dabei half, ein Häuschen in der Region zu finden. Er hatte sie animiert, die kilometerweiten wilden Wiesen zu genießen – und fand Spaß daran, ihnen ein Domizil zu vermitteln. Aus der Leidenschaft wurde ein Geschäft. Heute verdient Herforth mit seinem Maklerbüro mehr als mit der Schauspielerei.

Er vermittelt längst nicht mehr nur Objekte im Umkreis, sondern auch in Berlin und anderswo. Er hat das Schloss Schwante an der Oberhavel vermittelt, Schloss Dammsmühle im Kreis Barnim oder das legendäre Clärchens Ballhaus in Berlin-Mitte. Nur tatsächlich Außergewöhnliches ist auf seiner Webseite zu finden, vom Bauernhof im Wiesenmeer über das charmante Bootshaus auf Stelzen bis zum Penthouse über den Dächern von Berlin.

Nach 13 Jahren im Geschäft hat Herforth genug Angebote. »Die Leute rufen mich an«, sagt er. An Käufern mangelt es ebenfalls nicht. Vor allem Berliner, die dem Großstadtstress in Richtung ländliches Idyll entfliehen wollen, melden sich bei ihm. Abgesehen davon, dass es seine Familie ernährt, freut sich Herforth vor allem »über die glücklichen Gesichter, wenn man die Schlüssel übergibt«.

Wie sehr er seine Maklertätigkeit verinnerlicht, zeigt sich im Interview beim Italiener. Er hat das perfekte Haus für die Journalistin. Sofort ruft er einen Freund an. Der sitzt zehn Minuten später im Gasthaus und fährt im Anschluss ans Gespräch zum Grundstück im Nachbarort, zeigt der Interviewerin das liebevoll restaurierte Haus mit riesigem Garten.

Auch das schätzt Herforth an Lindow: seine Freunde. »Sie sind von hier, von Anfang an.« Dass die Brandenburger unzugänglich sind, sei nur ein Klischee: »Ich komme mit allen gut klar, die Leute sind treu.« Herforth wird häufig zu Festen eingeladen, dauernd steht etwas an. Und er beauftragt die heimischen Handwerker, wenn ein Anwesen, das er verkauft hat, umgebaut werden soll. Oder er empfiehlt seinen Käufern die lokalen Betriebe. So agiert nur jemand, dem die Heimat wirklich am Herzen liegt.

DIE BESTEN 5

Besondere Momente im kleinen oder im großen Kreis feiern: In Brandenburg findet man die schönsten **Hochzeitsschlösser** – von edel bis gemütlich

Schloss Steinhöfel

Das spätklassizistische Schloss liegt traumhaft in einer englischen Gartenanlage mit hohen alten Platanen, geplant vom Architekten David Gilly, der auch späteren Landschaftsarchitekten in Brandenburg als Vorbild diente. »Der Sieg des Natürlichen über das Künstliche«, wie Theodor Fontane in seinen »Wanderungen« über die Anlage der Familie von Massow schreibt. Das heute hier ansässige Hotel hat 30 Zimmer, groß genug also für eine Hochzeitsgesellschaft, ein eigenes Restaurant, mehrere repräsentative Festräume und viel Platz im Grünen, um auch draußen feiern zu können. Um Champagnerempfang, Hochzeitskutsche, Festessen und Hochzeitstorte kümmert sich das aufmerksame Serviceteam des Schlosses. Die eigentliche Trauung findet in einem kleinen antiken Tempel im Park statt, in der sich einstmals die Bibliothek der Gutsherren befand.

Steinhöfel Schlossweg 4
schloss-steinhoefel.de

Schloss Ziethen

Der bauliche Charakter des Schlosses im Havelland entwickelte sich seit dem 14. Jahrhundert. Im späten 19. Jahrhundert wurde das barocke Herrenhaus um zwei neoklassizistische Flügel erweitert. Heute dient es als exklusives Hotel mit 44 Zimmern (im Schloss und im einstigen Kornspeicher) und ist ein beliebtes Ziel für Hochzeitspaare. Gefeiert und getraut wird unter den riesigen alten Eichen im schönen Park, im prächtigen Barocksaal und in der benachbarten Dorfkirche.

Kremmen OT Groß Ziethen, Alte Dorfstraße 33
schlossziethen.de

Schloss Stülpe

Nicht umsonst ist das schmucke kleine Barockschloss mitsamt des Landschaftsparks eine beliebte Kulisse für Filmproduktionen. Hochzeitsarrangements in allen Gruppengrößen lassen sich hier ausrichten, inklusive Feier in den hochherrschaftlichen Räumen oder mit festlich dekorierten Tischen im Park – inklusive Feuerwerk, falls gewünscht. Und fürs Menü eine exzellente regionale Küche. In der Hochzeitssuite steht standesgemäß ein Himmelbett.

Nuthe-Urstromtal OT Stülpe, Schönefelder Chaussee 17
schloss-stuelpe.de

Schloss Reichenow

Wie ein klassisches englisches Castle wirkt das Romantik Hotel, das erst um 1900 erbaut wurde. Das Interieur ist modern und sehr geschmackvoll, jedes der 22 Zimmer ist individuell eingerichtet, an den Wänden hängt zeitgenössische Kunst. Die großen Räume sind für Veranstaltungen mit bis zu 150 Gästen kombinierbar. Im Restaurant Kleinod mit der schönen Seeterrasse wird hervorragende Regionalküche serviert, fast alle verwendeten Produkte stammen von Bauern und Züchtern aus der Gegend um Reichenow.

Reichenow-Möglin Neue Dorfstraße 1
schlossreichenow.com

Schloss Blankensee

Das kubisch angelegte Gutshaus, ein typisches Bauwerk des »märkischen Barock«, bietet sich für Feiern im kleineren Kreis an. Das Schlossteam ermöglicht es, hier auch Hochzeiten in Eigenregie zu organisieren, und vermittelt gerne , wenn es um besondere Ideen und Catering aus der Region geht. Mehrere kleine Salons im Erdgeschoss bieten sich für gemütliche Abendrunden an, im angrenzenden Sudermann-Park, benannt nach dem einstigen Besitzer, dem Schriftsteller Hermann Sudermann (1857–1928), findet man zahlreiche Plastiken, schöne Gartenarchitektur, viele versteckte Ecken, einen romantischen Venusteich mit Insel und einen duftenden italienischen Garten.

Trebbin Zum Schloss 19
schloss-blankensee.de

TEXTE Michael Poppi

Kulinarik

FARM DINING

TEXT **FELIX DENK**

In der Michelberger Farm im Spreewald kommt auf den Tisch, was im Garten wächst. Und das ist überraschend viel

Wer das vielleicht schönste Restaurant in Brandenburg betreten will – muss erst mal seine Schuhe ausziehen. Die stellt man in ein niedriges Holzregal neben der Glasschiebetür und bekommt auf Wunsch ein paar Filzpantoffeln. Klingt komisch und fühlt sich im ersten Moment auch so an: in Socken unter Fremden. Eingeführt haben diese Regel Nadine und Tom Michelberger, die das gleichnamige Hotel in Friedrichshain betreiben. Damals war ihre smarte Farm im Spreewald noch eine Baustelle. Eigentlich ging es ihnen nur darum, dass der schöne neue Backsteinboden nicht gleich verkratzt, wo doch noch nicht mal der erste Gast zur Übernachtung angekommen war. Irgendwann waren die Bauarbeiten beendet, das smarte Retreat mit Restaurant eröffnet, aber das mit dem Schuhe ausziehen, das blieb. Mittlerweile steht es für eine ganz eigene Art der Gastlichkeit. Ohne Schuhe bewegt man sich anders, begegnet man sich anders. Irgendwie familiärer.

Seit Sommer vergangenen Jahres steht nun der aufregende Neubau des Berliner Architekten Sigurd Larsen in Vetschau. Hier ist es sogar für Spreewald-Verhältnisse außergewöhnlich malerisch. Kleine, verschlungene Flussläufe überall, dazwischen Ortschaften mit alten Höfen, verbunden durch weite Alleen und unterbrochen von tiefen Wäldern. Die Michelberger Farm fügt sich spannend in die Kulturlandschaft ein. Der moderne Neubau komplettiert einen historischen Vierseithof, dessen Scheune aus dem 19. Jahrhundert nicht mehr zu retten war. Das neue Gebäude nimmt die alte Form auf, auch die Materialien: Holz, roter Klinker und viel Glas.

Frischer geht es nicht: Rund 900 Obstbäume im Garten liefern die Früchte fürs Frühstücksbüfett

Das Feld wird nach regenerativen Prinzipien bepflanzt – alles, was dort wächst, kommt später auf den Tisch

bekommt – Tamarillos etwa oder Aroniabeeren. Dazu kommt mit karamellisierten Zwiebeln gefülltes Milchbrot auf den Tisch, Kroketten mit Ziegenfleisch, Gnocchi mit gegrilltem Kalbfleisch vom Gut Ogrosen, zwei Dörfer weiter. Serviert wird in großen Schüsseln zum Teilen, sodass man spätestens nach dem Salat alle kennengelernt hat, die an der Tafel sitzen. Am Ende des Dinners, das für alle gleichzeitig beginnt, gibt es Madeleines mit Feigenblättern und Pavlova mit Beeren, die bis eben an den Sträuchern baumelten.

Wo genau, das weiß Julian Zuth, der ursprünglich mal Souschef im Michelberger Restaurant war, und jetzt spürbar beseelt über alles wacht, was hier wächst. Und das ist eine ganze Menge. Der Garten, der Nahrungswald, wie sie hier sagen, umfasst 1,5 Hektar, keine riesige Fläche, aber eine enorm vielfältige. Ganze 9000 Bäume haben sie gepflanzt, darunter 900 Obstbäume. Bewirtschaftet wird nach Prinzipien der Permakultur und der syntropischen Landwirtschaft. »Wir imitieren den Regenwald«, erklärt Zuth. Heißt: Es gibt drei Lagen. Ganz oben die Bäume, die Schatten spenden, vor Wind schützen und helfen, dass der Boden feucht bleibt. Dann die Sträucher und schließlich die Krautlage, die in Hochbeeten angelegt ist, immer so, dass sich die Pflanzen gegenseitig helfen.

Wer nach dem Dinner nicht mehr nach Hause fahren will, übernachtet einfach

Frisches Gemüse wird in großen Schüsseln serviert – zum Teilen

Drinnen sitzt man am langen Gemeinschaftstisch, am einen Ende der Kamin, am anderen ein Küchenblock, gegenüber ein überdimensionales Sofa mit Blick auf den Garten, aus dem das Obst und Gemüse kommt, das hier auf den Tellern landet. Man fühlt sich, als sei man zu Gast bei Freunden – Freunden mit sehr gutem Geschmack und sehr gutem Essen. Damit ging das Projekt auch los.

ERNTE AUS DEM NAHRUNGSWALD

Den Hof besitzen die umtriebigen Michelbergers schon seit sechs Jahren. Anfangs haben sie hier Obst und Gemüse gepflanzt, mit dem sie ihre Restaurants in Berlin beliefern wollten. Mittlerweile haben sie ein Konzept um ihren Garten herum gebaut.

Der zentrale Ort ist die lange Tafel, die aus dem Holz aus der alten Scheune gezimmert ist, die hier früher stand. Man teilt daran, was auf dem nach regenerativen Prinzipien bepflanzten Feld gerade wächst. Farm Dining quasi: im Hochsommer etwa gegrillte Tomaten, Zucchini und Patisson-Kürbisse, die nie ein Kühlhaus gesehen haben, aber auch Obst und Gemüse, das man auch im gut sortierten Bioladen kaum

Auf einem der kniehohen Erdwälle wachsen etwa Erdbeeren, Stachelbeeren und Grüner Spargel nebeneinander. »Den haben die Mäuse gegessen«, sagt Zuth im Vorbeigehen. »Wir haben auch ein Ökosystem für Mäuse und Schnecken, die haben hier keine Fressfeinde.« Klar hätten sie sich ein paar Katzen holen können, aber was wird dann aus den Vögeln, die hier nisten?

MENÜS ENTSTEHEN OFT SPONTAN

Im Garten wachsen vor allem mehrjährige Pflanzen und von jeder mehrere Sorten, damit es möglichst lange etwas zu ernten gibt. Etwa frühe Äpfel, aber auch welche, die erst spät im Jahr kommen und sich zum Mosten und Backen eignen. Und besonders viele Beeren. Denn: Um die muss man sich nicht kümmern und mit ihren schönen Blüten machen sie den Garten attraktiv für Bienen, die wiederum den Obstbäumen helfen. Und der Küche.

Ihr Menü entstehe oft spontan, erzählt Köchin Greta Siuparyte, als die Pavlova mit Aroniabeeren aus dem Garten serviert ist. Je nachdem, was gerade im Beet perfekt gereift ist, das verarbeitet sie in ihrer Küche. »Das ist jeden Abend eine Jamsession«, findet sie. Eine, bei der es oft heiß hergeht. Denn Feuer spielt bei ihr eine große Rolle, gerade Gemüse grillt sie gerne.

Wer nach dem Abendessen nicht zurück will nach Berlin – oder sich das Frühstück nicht entgehen lassen mag: Acht Zimmer gibt es im Obergeschoss des smarten Farmhauses. Die teilen sich zwei Bäder, nur die Suiten haben ein eigenes. Darüber hinaus gibt es ein kleines Hideaway mit Ferienwohnungen, ein paar Straßen weiter. Der Platz reicht für 25 Menschen – und doppelt so viele Hausschuhe.

TIPPS

ANKOMMEN

Mit dem Zug RE 2 ab Berlin Ostbahnhof und einer kleinen Fahrradtour oder mit Abholung am Bahnhof Vetschau

ÜBERNACHTEN

Es gibt verschiedene Zimmerkategorien (Cosy, Loft, Hideout). Preise und Buchung unter michelbergerhotel.com

Michelberger Farm in Oberspreewald-Lausitz

Dorfstraße 26, Vetschau OT Naundorf, michelberger.farm

VERPFLEGUNG

Brunch wochentags von 7–11 Uhr, Wochenende 8–14 Uhr. Mittagstisch Mo–Fr 12–14 Uhr, Café ab 7 Uhr, Weinbar ab 17 Uhr geöffnet, Abendessen Di–Sa 18–23 Uhr

ECHTE BLÜTEN

Safran aus Brandenburg? Kein Witz, das teuerste Gewürz der Welt wird neuerdings im Oderbruch angebaut. Ein Besuch zur Erntezeit

TEXT **FERDINAND DYCK** FOTOS **MARCUS GLAHN**

Safranbauer Tobias Fahlberg war von Anfang an verblüfft, wie gut die Krokusse im Oderbruch gedeihen

Ein griesgrämiger Oktobermorgen in Altreetz im Oderbruch, unweit der polnischen Grenze. Tobias Fahlberg bückt sich nach einer jener leuchtenden Blüten, die den Menschen schon seit 4000 Jahren die Sinne verdrehen und die Rücken krumm machen. Violett schimmern die Krokusse der Art Crocus sativus auf den kleinen Erdwällen, versetzt mit einer Ahnung von Pink. Winzige Farbtupfer im brandenburgischen Grau.

Fahlberg zupft die noch geschlossene Blüte vom Halm. Er schiebt die bunten Blätter behutsam auseinander, präsentiert die edle Frucht seiner Äcker auf der ausgestreckten Hand: Safran-Narben – das teuerste Gewürz der Welt. Jeweils drei der kleinen Stempelfäden ragen aus dem Blütenkelch. Unten am Blattansatz sind sie noch ganz weiß, bis zur Mitte verfärben sie sich erst gelb, dann orange, oben schließlich satt karminrot. Den weißen und mindestens hellgelben Teil verwendet man nicht, getrocknet wird der Rest der drei Narben, die später etwa 0,005 Gramm wiegen. 200 Blüten muss man also sammeln, um ein einziges Gramm Safran zu ernten.

Dann werden sie alle von Hand geöffnet, die Narben trocknen und reifen anschließend etwa drei Monate lang – es ist dieser irrsinnige Aufwand, der Safran zum Luxusgut macht. Wer ihn kaufen möchte und ein wenig Gold griffbereit hat, kann ihn praktischerweise gleich damit aufwiegen, der Preis ist ungefähr derselbe. Nur: Vorher müssen natürlich die Krokusse wachsen. Und die zieren sich gerade noch.

»Normalerweise steht jetzt alles voll in der Blüte«, sagt Tobias Fahlberg und deutet auf den Acker, der von einer Feldstraße zu einem Baumstreifen reicht, vielleicht 150 Meter lang, knapp 70 breit. Doch die Herbstsonne schien bislang spärlich, konnte den Safran nur vereinzelt überzeugen, durch die Erde zu brechen und sich gen Himmel zu recken. Sorgen macht sich der 34-Jährige nicht. »Er will blühen«, sagt er, »irgendwann kommt er.« Der Mann muss es wissen. Er ist der erste Safranbauer Brandenburgs.

Der Safran kann international mithalten

Alles begann 2018. »Ich wollte was draußen in der Natur machen«, sagt Fahlberg, der als Junge bei der Spargelernte aushalf, später Zimmermann lernte, das Abi nachholte und ein Bauingenieur-Diplom abschloss. Die Lust an der Landwirtschaft blieb. Eher als Hobby stellte er sich das Ganze vor, »ein bisschen Geld wollte ich damit aber auch dazuverdienen«, sagt er und grinst. Er recherchierte im Internet, las vom teuersten Gewürz der Welt, bestellte 200 Testknollen bei Saatgut-Händlern in Frankreich und den Niederlanden. Und obwohl er damals noch viel lernen musste über Anbau, Bodenqualitäten und Verarbeitung – von Anfang an habe ihn verblüfft, wie gut der Safran im Osten Brandenburgs zurechtkomme.

Wobei: So überraschend ist das gar nicht, zumindest aus klimatischer Sicht. Im Nordosten Irans, in der Provinz Khorasan in der Grenzregion zu Turkmenistan und Afghanistan, wo weltweit der mit Abstand meiste Safran gepflückt

Die violett schimmernden Pflanzen der Art Crocus sativus werden auf kleinen Erdwällen angelegt.
Rund 200 Blüten muss man sammeln, um ein einziges Gramm Safran ernten zu können

wird, liegen die Tiefsttemperaturen im Herbst, wenn die Krokusse blühen, ebenfalls nur bei einigen Grad, fallen mitunter sogar unter den Gefrierpunkt. Viel wärmer ist es dann auch in Castilla-La Mancha nicht, der wichtigsten europäischen Anbauregion im Herzen Spaniens. Allerdings bekommen die Pflanzen in Altreetz ein paar Stunden weniger Sonne ab als im Süden, dazu bleibt es tagsüber meist deutlich kühler. Beides verkraften sie offensichtlich ganz gut.

Die 20000 Safran-Krokusse, die Tobias Fahlberg bereits 2019 pflanzte, vermehrten sich jedenfalls prächtig. Die Art, die einst in der Ägäis durch Mutation einer Wildpflanze entstand und vor 3600 Jahren auf Fresken in Kreta und Santorini erstmals dokumentiert wurde, pflanzt sich ausschließlich ungeschlechtlich fort, durch Knollenteilung in der Erde.

Auch der Geschmack des Brandenburger Safrans kann mit internationaler Spitzenware mithalten. Fahlberg schickte Proben an Fachlabore in Frankreich. Sie sortierten seinen »Fahlberg Safran« in die erste Güteklasse ein: beste Qualität. Wie kriegt der Mann, der im Hauptberuf noch immer ganztags im Büro arbeitet, das hin?

»Ich stecke jede freie Minute in den Safran«, sagt Fahlberg. Sein Betrieb ist bio-zertifiziert, das macht die Arbeit in den Feldern noch mühsamer, vor allem das Unkrautjäten von Hand. Das fällt quasi das ganze Jahr über an. Fahlberg zückt das Handy, zeigt Bilder vom Safran-Gras, das nach der Blüte wächst. Büschelig sieht es aus, ein bisschen wie Schilf auf Dünen an der Küste. Damit es gedeiht, muss alles, was sonst so sprießen möchte, raus aus dem Acker. Durch die Fotosynthese, die das Gras betreibt, sammelt die Pflanze schließlich ihre Kraft, die sie ab etwa Februar vor allem der Knollenbildung widmet. Alle drei Jahre erntet Fahlberg im Spätsommer zusätzlich die neu gewachsenen Knollen – nur um sie im September wieder auszusetzen, im perfekten Abstand zueinander, damit alle ideale Bedingungen zum Wachsen haben und keine Knollen-Nester entstehen, die anfällig für Schimmel sind. Ab Oktober nimmt er sich dann seinen Jahresurlaub: Die Ernte und Verarbeitung der Blüten fordern ihn nun rund um die Uhr. Anschließend geht alles von vorne los.

Am rechten Fundament tüftelte Fahlberg länger. Den schweren Lehmboden seines einen Hektar großen Felds im Oderbruch häuft er seit einigen Jahren zu kleinen Erdwällen auf, wie man sie von Spargelfeldern kennt. Das hilft gegen zu hohe Feuchtigkeit. Im Vergleich zu den Getreidefeldern drum herum ist der Acker geradezu winzig.

Kleine Blüten, große Wirkung

Safran ist ja aber auch kein Massenprodukt. Nur 200 Tonnen werden weltweit jährlich geerntet, 2022 steuerte Fahlberg ein 2,5-Millionstel dazu bei: 500 Gramm rang er seiner Trockenkammer ab. Im vergangenen Jahr hatte Fahlberg am Ende Pech. Der Herbst erwies sich als allzu grimmig, die Sonne ließ sich bis in den Winter hinein kaum blicken – und die große Ernte blieb aus. Ans Aufgeben denkt er aber nicht. Er glaube an die Zukunft des Brandenburger Safrans.

Tobias Fahlberg steckt jede freie Minute in seinen bio-zertifizierten Safran-Betrieb

Und zum Glück reichen in der Küche Minimengen, um Risotto, Huhn oder Mousse jene einzigartigen Duftnoten mitzugeben, die man besonders im Orient, in Nordafrika und Südeuropa schätzt: blumig und rosig, wie parfümiert, dazu warm-nussig, mit einem Hauch Bitterkeit. »Kleine Blüte, große Wirkung«, so drückt Tobias Fahlberg das aus.

In Iran, wo so ziemlich alles mit Safran verfeinert wird, von Reis über Süßigkeiten und Tee bis Geflügel und Fisch, kocht man fast nie mit ganzen Fäden. Stattdessen werden sie meist mit einer Prise Salz oder Zucker – für die Reibung – im Mörser zerstoßen oder in der Gewürzmühle vermahlen und anschließend in luftdichten Behältern aufbewahrt. Aus diesem Pulver wird eine Art Gewürz-Elixier gebraut: Etwas heißes, nicht mehr kochendes Wasser löst die unnachahmlichen Aromen. Subtil süße Erdigkeit, auf der Zunge ein Hauch von Bitterkeit, delikate Blumen- und Honignoten, süßes Heu, frisch gemähtes Gras, eine Ahnung von weißem Pfeffer – nur ein paar der Assoziationen, die man den edlen Blütennarben zuschreibt.

Und dann diese Farbe. Ein bestimmter Carotin-Stoff steckt im Safran, der in Europa meist im Ganzen in Töpfe und Pfannen kommt. Er verleiht spanischer Paella und Risotto Milanese goldenen Glanz, auch Bouillabaisse, die berühmte Fischsuppe der Provence, würde ohne ihn längst nicht so hübsch orange-gelb schimmern.

Tobias Fahlberg schwört zum Beispiel auf Safran-Limonade: Einfach Wasser mit Zucker, Zitronensaft und Safran über Nacht stehen lassen. Am nächsten Tag mit Eiswürfeln und optional etwas Minze servieren. Andere Lieblingsrezepte verrät er auf der Homepage des Betriebs, etwa für Käsekuchen, Lachs und Makkaroni.

Berlins Spitzenköche zählen zu den Kunden

Begegnet war er dem Safran zum ersten Mal während des Studiums. Damals lebte er zwei Jahre in Marokko, der Heimat seiner Frau. Sie schickte ihn los, welchen zu kaufen. Ein freundlicher Händler erklärte ihm, wie man den Unterschied zwischen echter und gefälschter Ware erkennt: Man feuchtet die Fäden an und reibt sie über ein Blatt Papier. Reißt der Farbstreifen, den sie dort hinterlassen, rasch ab, weiß man, dass man es mit einer Mogelpackung zu tun hat, zum Beispiel mit eingefärbten Maisfäden. Safran färbt durchgängig, bis zum Schluss. Natürlich kann man auch probieren. Dafür muss man Safran allerdings schon einmal verkostet haben. Fahlberg hätte ihn damals in Marokko nicht herausgeschmeckt. »Ich hatte wirklich keinen Plan«, sagt er und lacht.

Das hat sich geändert, heute werde bei ihm daheim ständig mit Safran gekocht. Am liebsten möge er das marokkanische Schmorhühnchen, das seine Frau zubereitet, »Hühnerbraten«, sagt der Brandenburger dazu. Von den feinen Kreationen, die Berliner Spitzenköche aus seiner Ware zaubern, die sie unter anderem über die Plattform 2020 der Markthalle Neun in Kreuzberg beziehen, hat er aber noch nicht gekostet. Vadim Otto Ursus etwa serviert im »Otto« in Prenzlauer Berg Eierstich mit Safran und Forellenkaviar

Es sind die einzigartigen Duftnoten, die man an Safran besonders im Orient schätzt: blumig und rosig, warm-nussig, mit einem Hauch Bitterkeit

Erste Güteklasse und von bester Qualität: »Fahlberg-Safran«

oder Chicorée-Salat mit Haselnüssen und Safran-Dressing, verfeinert im Winter auch Schwarzwurzel mit ihm.

Wer es nachmachen möchte: Man bekommt den Brandenburger Safran im Onlineshop, in einigen Biomärkten und mittlerweile auch in über 100 Berliner Edeka-Filialen. Er kostet – je nach Packungsgröße – zwischen 3,50 und 4,90 Euro pro 0,1 Gramm und damit ein bisschen mehr als manch günstige Importware. Dafür kocht man mit einem wirklich besonderen regionalen Spitzenprodukt. Nur allzu lange in der Schublade sollte man die feinen Fäden nicht liegen lassen. Geschmacklich werde Safran ungefähr zwei Jahre lang immer besser, sagt Tobias Fahlberg, danach verlieren die Aromen langsam an Kraft.

»Irgendwann färbt er nur noch«, sagt er, als er zum Abschied seine von der Ernte des Morgens mit tiefgelben Tupfern übersäte Hand ausstreckt. Dafür wäre der ganze Aufwand dann doch ein bisschen übertrieben.

TIPPS

Fahlberg-Safran bekommt man über den Onlineshop des Betriebs (etwa 0,5 Gramm im Glas für 19,90 Euro) oder in zahlreichen Berliner Edeka-Filialen im Papiertütchen (0,1 Gramm für 4,90 Euro).
fahlberg-safran.de

Der Koch, der Fürst und ihre exzentrische Küche

TEXT **FELIX DENK** FOTOS **DAVID HEERDE**

Die Küche im Restaurant »Lou« im Cavalierhaus, direkt neben seinem Schloss Branitz, hätte Fürst Pückler heute sicherlich auch gemundet. Tim Sillack stand auf mehreren Kontinenten in der Küche, bevor er in seine Heimat zurückkehrte. Heute kocht der »Lou«-Chef pücklerisch-weltoffen mit Blick auf die besten Produkte und Freude an neuen Geschmäckern

So kurz nach 17 Uhr verabschieden sich die letzten Gäste, die auf eine Tasse Kaffee und ein Stück Kuchen vorbeikamen, parallel geht es in der Küche schon auf Hochtouren weiter. Tim Sillack und sein Team fangen an, den Abendservice vorzubereiten. Töpfe klappern, Pfannen zischen. Am späten Nachmittag verwandelt sich das frisch renovierte Cavalierhaus mit seinen schmucken Türmchen und stolzen Giebeln, das gleich neben dem berühmten Schloss Branitz steht, ins »Lou« – ein ehrgeiziges Gourmetrestaurant.

»Dieser Gang soll wie ein Winterspaziergang am Meer sein«, philosophiert der 36-Jährige am Pass, beseelt von den Details, die dieser letzte Teil seines langen Arbeitstags mit sich bringt. Gemeint ist die Jakobsmuschel. »Der kalte Wind, der einen bisschen fordert, aber darin besteht ja die Schönheit, wenn man warm genug angezogen ist«, so seine Idee. Dafür spickt er die Jakobsmuschel mit Lardo für den Schmelz, fügt ein Gelee aus weißem Portwein dazu, das die Süße unterstreicht. Wakame und farbige Rotalgen mit feinem Biss spendieren eine jodige Meerigkeit, und für die frische Brise sorgt die Crème fraiche, die mit Lake von Fetakäse abgeschmeckt ist. Getoppt wird das Ensemble noch von einem Löffel Kaviar. Voilà.

Zugegeben, das Meer muss man sich in der Lausitz dazu denken. Schön ist der Spaziergang zum »Cavalierhaus« aber unbedingt. Wer ins »Lou« will, kommt zu Fuß durch den Park, geht über geschwungene Wege, vorbei an prachtvollen Bäumen und vielleicht den berühmten Pyramiden, von denen eine im Wasser zu versinken scheint, ist über Brücken gelaufen, entlang von Flussläufen. Der Park war der Stolz von Fürst Pückler, Weltenbummler und Feinschmecker, dessen Dinner-Einladungen im 19. Jahrhundert in die Geschichte eingingen. Hätte es damals den Guide Michelin gegeben, hätte der das höchste Prädikat rausgerückt: eine Reise wert.

Was dem Park mit Schloss lange fehlte: ein Restaurant, in dem es auch dem exzentrischen Fürsten geschmeckt hätte, der bis zu 40 Austern pro Tag aß, wie Hotelrechnungen belegen, die Pückler, wie so vieles andere, archivierte. Ein Restaurant, in dem auch Spaziergänger ihr Glück finden, die hier jeden Tag vorbeikommen, auf Spuren des Lebemanns aus der Lausitz. Diesen Spagat turnen jetzt Tim Sillack und sein Team.

Ein kulinarischer Winterspaziergang am Meer – umgesetzt in präzisen Rezepten mit Jakobsmuschel, Lardo, Portweingelee und Wakame

Der Landschaftspark war der ganze Stolz von Fürst Pückler, Weltenbummler und Feinschmecker

Seinen allerersten Tag in Branitz wird er nie vergessen. Allerdings sind es keine schönen Erinnerungen, die er mit dem 1. April 2019 verbindet. Es war ein kalter, ungemütlicher Frühlingstag, an dem er seinen Imbiss im Schlosspark eröffnete. 40000 Besucher kamen damals jedes Jahr – und viele brachten Hunger mit. Eine sichere Sache, könnte man meinen. Sillack gewann die Ausschreibung für das »Cavalierhaus« neben dem Schloss, was ihn selbst am meisten überraschte. Das Nebengebäude wurde renoviert, dort sollte später das Restaurant einziehen. Tim Sillack steckte in das Projekt auch eigenes Geld, das er gar nicht hatte. Woher auch? Es sollte ja sein erster eigener Laden werden. Mit dem Imbiss sollte es losgehen. Doch die Fritteuse lief über, »ist mir noch nie passiert«, der Boiler brach, der RBB filmte das Desaster. »Ich geriet in Panik«, erinnerte sich Sillack. »Immerhin hat mich niemand angeschrien.« Wer denn auch? Jetzt war er ja der Chef.

Ein knappes Jahr später wusste er, dass das erst der Anfang sein sollte. Den Imbiss hatte er schnell im Griff. Und das Restaurant sollte vor Weihnachten fertig werden. Wurde es aber nicht, Geschäft futsch, Geld alle, an der Elektrizität schraubte Sillack am Ende selbst rum. Am Tag vor der Eröffnung im März schrubbte er gerade die Küche für die Party am nächsten Tag, das Kühlhaus war randvoll, da hörte er im Radio die Stimme von Angela Merkel, die verkündete, dass die Gastronomie bis auf weiteres schließen müsse: Corona. Damals dachte er, das war's. Heute führt er das beste Restaurant weit und breit. Wenn er eines gelernt hat, dann nicht locker zu lassen.

Sogar für Gastroverhältnisse hat Sillack einen bunten Lebenslauf. Geboren ist er in Cottbus, machte am Fürst-Pückler-Gymnasium sein Abitur, mit der berühmtesten Sehenswürdigkeit seiner Heimatstadt hatte er indes nur gelegentlich zu tun. »Im Winter habe ich immer gehofft, dass es schön kalt wird, damit ich mit Schlittschuhen auf den gefrorenen Kanälen unter den Brücken durchflitzen kann«, erinnert er sich. Das Hochzeitsfoto seiner Eltern wurde auf der Freitreppe vor dem Schloss geknipst.

»So spät, wie ich angefangen habe, war mir klar, dass ich Vollgas geben muss. Ich habe wirklich jedes Kochbuch gelesen«

Nach dem Abitur wusste Tim Sillack nicht so recht, was er machen sollte. Erst ging er zum Bund, danach begann er Hotel- und Gastronomiemanagement zu studieren, was aber keine große Liebe wurde: »Trotz großer Mühe war ich immer unterste Kante.« Dann kam er dort in eine Küchen-AG,

Wenn der Abend hereinbricht, verwandelt sich das Cavalierhaus in das Gourmetrestaurant »Lou«. Tim Sillack und sein Team kochen und experimentieren auf den Spuren des legendären Fürst Pückler

brach kurzerhand das Studium ab und sattelte um. Koch wollte er lernen. Damals war er schon 20; in diesem Alter sind die meisten schon fertig mit der Ausbildung. Er machte sich auf die Reise.

In Neuseeland war er so begeistert von einer Soße, die ein dauerschreiender Küchenchef zauberte, dass er unbedingt auch wissen wollte, wie das geht. In Australien lernte er, vom Frühstück über Pizza bis zum À-la-carte-Abendservice die Verantwortung auf allen Posten zu übernehmen, wenn der Laden brummt. Seine Lehre machte er in Rostock, langweilte sich ein halbes Jahr an der Aufschnittmaschine fürs Frühstücksbufett im Grandhotel, geriet in Panik im Fine-Dining-Lokal, wo er von einem Tag auf den anderen Tomate in Texturen zubereiten sollte. »Hatte ich noch nie gemacht.« Was er mitnahm, ist eine große Portion Resilienz. Und ein Gespür, wo er sich weiterentwickeln könne. »So spät, wie ich angefangen habe, war mir klar, dass ich Vollgas geben muss«, sagt Sillack. »Ich habe wirklich jedes Kochbuch gelesen.« Und er stand auf mehreren Kontinenten in der Küche.

Vom Foodtruck in Costa Rica, über eine Sportsbar in Vancouver bis zu Praktikum beim Dreisternekoch Joachim Wissler war alles dabei. Viele Jahre kochte er bei Steffen Henssler in Hamburg, bis er von der Ausschreibung in Branitz erfuhr. Und es auf gut Glück versuchte.

Über die Grenzen der Region bekannt wurde Sillack durch das Kochbuch »Zu Gast bei Fürst Pückler«, ein Corona-Projekt, das 2022 im Prestel Verlag erschien. Es basiert auf den fünf Tafelbüchern, in denen Pückler 3500 Festessen bis ins Detail festhielt. Die Historikerin Marina Heilmeyer wertete diese aus und porträtiert den Fürsten als Food-Nerd, der gern die neuesten technischen Gimmicks wie Eis- und Konservenmaschinen kaufte, bei Pasteten selbst Hand anlegte und sogar eigene Gerichte entwickelte, wie die »Kartoffeln à la Semilasso«. Zum Geburtstag wünschte er sich Rinderfilet mit Sardellencreme. Für hohen Besuch erfand die Küche neue Gerichte.

Die 65 historisch angelegten Rezepte entwickelte Tim Sillack. Keine einfache Aufgabe für ihn, weil zwar die Menüfolgen, aber keine Beschreibungen in den Büchern festgehalten waren. Fotografiert wurden die Gerichte im Schloss auf historischem Silber. »Am Anfang haben wir sehr darauf geachtet, dass auch im Restaurant immer etwas Klassisches auf der Karte war«, sagt Sillack. Im Menü tauchte schon einmal die »Zunge sächsische Art mit Rosinen« auf oder der von Pückler so geschätzte Hecht, und zwar als Witzigmann-Vintage-Version: als pochierte Nocke auf Spinat mit Beurre blanc, Kräuteröl und Kaviar.

Selbstverständlich spielt auch die Lausitz eine Rolle bei Sillack, aber eher eine subtile. Das ausgewogene Spiel von Süße und Säure sei entscheidend für den Geschmack seiner Heimat, sagt er. Gerne verwendet er etwa den Sud von Spreewaldgurken zum Abschmecken.

On Fire: Tim Sillack nutzt regionale Produkte – auch wenn es ums Flambieren geht

Oder Senfsaat, deren feine Schärfe er schätzt. Allzu regional geht er es ohnehin nicht an. »Wenn Pückler gekonnt hätte, hätte er auf jeden Fall Sushi gegessen«, ist sich Sillack sicher. Er will nicht um die Sojasoße herumkochen, ohne deshalb gleich asiatische Gerichte zu machen. Auch Schärfe darf ein Thema sein, aber im Zweifelsfall lieber mit Meerrettich aus dem Spreewald als mit Wasabi. Eben pücklerisch-weltoffen mit Blick auf die besten Produkte. Und mit Freude an neuen Geschmäckern zu arbeiten.

> **»Wenn Pückler gekonnt hätte, hätte er auf jeden Fall Sushi gegessen«, da ist sich Chefkoch Tim Sillack sicher**

Anfangs habe er viele Meinungen bekommen, nach denen er gar nicht gefragt hatte, sagt Sillack. Kein Wunder, seine Vorgänger im »Cavalierhaus« kochten 35 Jahre lang Bodenständiges für Bustouristen. »Aber die ungebetenen Ratschläge werden weniger.« Vielleicht, weil der Chef und sein Team alles gleich ernst nehmen: das Frühstück à la carte mit Kräuteromelette und Eggs Benedict, die Mittagskarte mit Soljanka, Würzfleisch, Flammkuchen und Wildgulasch. Ehrensache, dass sie auch das Pückler-Eis selbst machen und die Hefeplinsen für die Terrasse am Nachmittag frisch backen. Die Currywurst im Imbiss stammt von einem Cottbuser Metzger, was ebenfalls passt: Zu den verwirrend vielen Passionen Pücklers zählte auch der Ketchup, den er eigens aus London importierte. Und nicht zuletzt das Fine-Dining-Menü am Abend, bei dem Sillack mit seinem Team längst nach ganz oben strebt.

Eigentlich hatte er nie geplant, in seine Heimatstadt zurückzugehen, sagt Tim Sillack. Dass er es tat, sieht der Globetrotter im Nachhinein als großen Glücksfall: »Nirgends hätte ich mich so entwickeln können wie hier.«

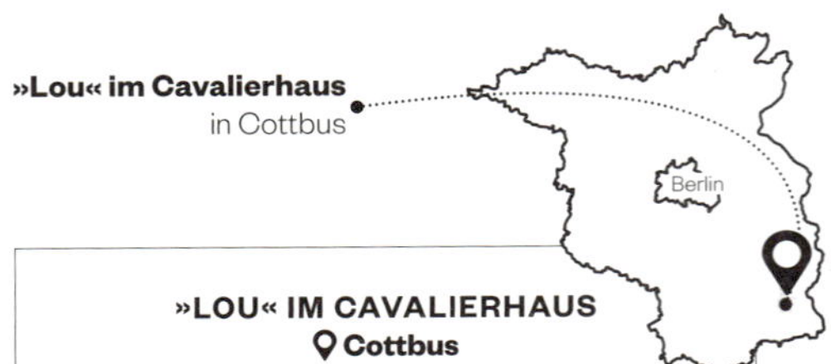

»LOU« IM CAVALIERHAUS
Cottbus
Zum Kavalierhaus 9
03042 Cottbus
Unbedingt reservieren, online unter
cavalierhaus-branitz.de/lou

KURZTRIP

Naturgut Köllnitz

Wasserbüffel schützen Ökosysteme und stärken die Artenvielfalt. Ihr Fleisch ist eine seltene Delikatesse – in Köllnitz kann man Büffel-Steak und -Braten probieren

TEXT **FERDINAND DYCK**

Wilhelm ziert sich erst, dann kommt er doch zum Elektrozaun getrottet. »Er will gekrault werden«, sagt Neele Vogel. Was man sich erst mal trauen muss: die Hand auszustrecken nach dem riesigen Schädel mit den massiven Hörnern dran. Dick wie Boxhandschuhe liegen sie oben am Kopfansatz.

Da ist die junge Landwirtin schon über den Zaun geklettert, hat einen Arm um den Hals des mächtigen Büffels gelegt, mit der anderen Hand kratzt sie ihm das Fell unterhalb der Hörner. »Manchmal legt er sich vor Freude auf die Seite«, sagt die 23-Jährige. »Ich bin sogar schon mal auf ihm geritten.« Es sind umgängliche Riesen, die an einem eiskalten Wintermorgen in Busch bei Storkow, 45 Kilometer südöstlich des Berliner Zentrums, auf der Weide und in zwei offenen Unterständen auf Stroh stehen. Neben Bulle Wilhelm noch elf Kühe und fünf Kälber – asiatische Wasserbüffel.

Vor mehr als 6000 Jahren wurde die Art im Westen des indischen Subkontinents aus Wildtieren gezüchtet. Seitdem verteilte der Mensch sie über die Erde, wohl gut 200 Millionen Wasserbüffel leben heute auf allen fünf Kontinenten. Mancherorts schätzt man vor allem ihre fette, energiereiche Milch, wie in Italien, wo daraus cremiger Büffelmozzarella gemacht wird. Anderswo nutzt man die natürliche Lebensweise der Tiere zum Erhalt von Feuchtgebieten, die bei mehreren Zukunftsfragen Schlüsselrollen spielen: als Kohlenstoffsenker im Kampf gegen die Erderwärmung, als Pufferzonen gegen Hochwasser, als Horte der Biodiversität. Wasserbüffel halten die Vegetation der wertvollen Ökosysteme »offen« – verhindern, dass sie zuwuchern. Als Landschaftspfleger kamen sie auch nach Storkow. Drei Kühe und ein Bulle aus den Niederlanden siedelte die Stadt 2010 an. Seitdem wuchs die Herde auf 21 Tiere an, die nun auf Feuchtwiesen an der Burg grasen, die Artenvielfalt beleben und nebenbei dafür sorgen, dass auch der Storch – das Wappentier Storkows – wieder verlässlich Nahrung findet.

Neele Vogel betreut die »Storkower Burgbüffel« gemeinsam mit ihrem Vater Jan-Peter Vogel. Ihre Büffel sind Nutztiere, also wird auch das Fleisch verwertet. Dafür arbeiten die Vogels mit dem Naturgut zusammen. Man bekommt es nach Vorbestellung im Hofladen, immer wieder wird es auch im Restaurant serviert. In großen Mengen wird das Fleisch nicht erzeugt, nur ungefähr vier Büffel pro Jahr werden geschlachtet. Probieren kann man das Büffelfleisch in der Köllnitzer Hofküche, dem Restaurant des idyllisch gelegenen Naturguts Köllnitz. Regelmäßig serviert dort Küchenchef Stefan Ziegenhagen das kernige, aromatische Fleisch. Das Filetsteak etwa schmeckt intensiv, mit einer würzig-heuigen Note. Und der Küchenchef kocht nach dem »Nose-to-Tail«-Ansatz: Alle Teile werden verarbeitet, auch das passt ins nachhaltige Konzept.

Küchenchef Stefan Ziegenhagen

Landwirtin Neele Vogel mit Bulle Wilhelm, auf dem sie sogar schon mal geritten ist

TIPPS

Geführte **Touren** zu den Büffeln lassen sich über die Burg Storkow buchen. Schloßstraße 6 15859 Storkow (Mark), storkow-mark.de

In der **Köllnitzer Hofküche** gibt es Büffelfleisch regelmäßig auf der regulären Karte, immer wieder auch zu besonderen Anlässen, etwa den saisonalen »Bauer-Fischer-Koch«-Abendessen. Groß Schauener Hauptstraße 31 15859 Storkow (Mark), Tel. (033678) 610 84 geöffnet Mi–So 11–17 Uhr, koellnitz.de

Um **Büffelfleisch** zu kaufen, lässt man sich auf den E-Mail-Verteiler setzen (biohof-busch.friedhold.de). Wird ein Tier geschlachtet, schreibt Neele Vogel, welche Stücke zu haben sind, bestellt wird per Webseite. Im Hofladen des Naturguts Köllnitz (Di/Mi/Do/So 9–15 Uhr, Fr/Sa 9–16 Uhr) überreicht sie die Bestellungen persönlich, gibt Tipps und beantwortet Fragen zu den Storkower Burgbüffeln.

Biohof Busch
in Oder-Spree

Pilgern

Pillgram

nach

Unweit von Frankfurt (Oder) setzt das Weingut Patke zum Qualitätssprung an: Über nachhaltige Rebsorten, Weinbau auf Endmoränen, robuste Rinder – und eine Weinlandschaft im Umbruch

TEXT **ULRICH AMLING** FOTOS **DAVID HEERDE**

Weingutbesitzer Matthias Jahnke ist überzeugt, dass man im Osten Brandenburgs hochklassige Weine produzieren kann

Ende September hat die Sonne noch Kraft, 90 Kilometer östlich von Berlin kehrt sie an diesem Morgen die letzten Reste von Frühnebel aus den Rebzeilen. Das Licht dringt durch die Beeren und lässt sie aufleuchten in den Farben der Reife von Grüngelb bis Kupfergold. Im Weinberg am Weißen Fließ in Pillgram, in Sichtweite der »Autobahn der Freiheit«, werden Weiß- und Grauburgunder gelesen. Und weil es wenige Dinge gibt auf der Welt, die so befriedigend sind wie gesunde Trauben von ihren Stöcken zu schneiden, sieht man die Erntehelfer mit einem Lächeln Eimer um Eimer füllen.

Gesammelt in große Plastikboxen werden die Trauben direkt ins nahe gelegene Weingut Patke gefahren. Der Jahrgang 2023 markiert hier einen Sprung nach vorne. Der neue Weinkeller auf dem Gelände einer ehemaligen LPG wurde einen Tag vor Lesebeginn gerade noch rechtzeitig fertig, doch dann fiel erst mal die Hauptpumpe aus. Ohne Wasser geht auf einem Weingut nichts, man braucht es, um immer wieder zu putzen, denn nur mit Sauberkeit entsteht sauberer Wein. Außerdem rinnt es kühlend durch die doppelten Wände der Edelstahltanks, um eine langsame, gleichmäßige Gärung zu erreichen, die die Weinaromen zu ihrer vollen Entfaltung bringt.

Patke-Weine kann man vor Ort verkosten – und kaufen

Eine ausgefallene Pumpe kann Matthias Jahnke nicht aufhalten, zumal Wärme, Wasser und Lüftung sein Metier sind. Im Hauptberuf leitet der Weingutbesitzer ein Installationsunternehmen mit über 100 Mitarbeitenden. Seit er hinter dem alten Hof seiner Oma Ilse Patke die ersten Zeilen Reben gepflanzt hat, ist Jahnke davon überzeugt, dass man im Osten Brandenburgs Wein produzieren kann, der sich nicht zu verstecken braucht. Der neue Jahrgang, der gerade eingefahren wird, weist in die Zukunft. Jahnke hat nicht nur in Kellertechnik investiert, er hat mit Romano Voß auch einen neuen Kellermeister verpflichtet, der aus Brandenburg stammt. Der Chef steht niemals still, gerade hat er mit Partnern einen

Im Weinberg am Weißen Fließ haben die Erntehelfer alle Hände voll zu tun, um die Trauben des Weiß- und Grauburgunders von den Rebstöcken zu schneiden und eimerweise in die Lesekisten zu schütten

Die Lesekisten mit den reifen Weißburgunder-Trauben, die frisch aus den Rebzeilen kommen, werden mit dem Gabelstapler angehoben und in die Abbeermaschine gekippt. Diese entfernt die Stängel und presst die Beeren an, bevor sie auf die Presse kommen

Jan Kiegeland berät das Weingut Patke in önologischen Fragen

alteingesessenen Obstbaubetrieb übernommen, als der Inhaber in den Ruhestand ging. »Ich möchte der Region etwas zurückgeben«, sagt Jahnke. Mit guten Produkten aus nachhaltiger Landwirtschaft. Aus dem Hobby Wein ist für ihn eine Berufung geworden. In den nächsten Jahren wird er seinen Arbeitsplatz nach und nach ganz in den Weinberg und die Brennerei verlegen und Patke zum größten Weingut Brandenburgs entwickeln.

Schon im Mittelalter wurde in der Region Wein angebaut

Zusammen mit dem önologischen Berater Jan Kiegeland will das Team immer besser verstehen, was es bedeutet, Wein auf den Endmoränen anzubauen, mit denen die letzte Eiszeit die Landschaft geprägt hat. »Es ist nicht Burgund, aber ich bin angenehm überrascht, dass es hier nicht nur Sand gibt«, sagt Kiegeland. »Kalkeinlagerungen verleihen den Weinen Frische, während Lehmanteile dafür sorgen, dass der Boden auch Wasser halten kann.« Sonnenstunden müssen in Brandenburg ohnehin nicht mehr gezählt werden, sie liegen beinahe auf dem Niveau von Baden.

Nach Pillgram führt der Regionalexpress der Linie 1, aber auch ein Pilgerweg, der Frankfurt (Oder) mit Santiago de Compostela verbindet. Nach Osten sind es noch gut zehn Kilometer, nach Westen knapp 2500. Schon im Mittelalter wurde in der Region Wein angebaut, der Durst der Viadrina-Studenten hat sich in ihren oft von Spott geprägten, auf Latein gesungenen Trinkliedern erhalten. »Wein von märkischer Erde geht durch die Kehle wie ein Schwert«, heißt es da etwa. Diese Zecher konnten nicht ahnen, was einige Jahrhunderte später moderne Kellertechnik, nachhaltiger Weinbau und eine Menge Herzblut in die Flaschen bringen würden.

Mit dem Gabelstapler hebt Romano Voß eine Lesekiste voller Weißburgunder-Trauben in die Höhe und kippt sie in die Abbeermaschine. Diese entfernt die Stängel und quetscht die Beeren an, bevor sie auf die Presse kommen, der herabrinnende Most glitzert im Sonnenlicht. In der Zukunft werden traditionelle Rebsorten wie Weißburgunder zu den Exoten in den Weinbergen des Weinguts Patke gehören, denn sie brauchen umfassenden Schutz gegen die Pilzkrankheiten Echter und Falscher Mehltau. Um weitestgehend auf Pflanzenschutzmittel verzichten und in Zukunft biodynamisch wirtschaften zu können, setzt Matthias Jahnke auf Neuzüchtigungen mit hoher Resistenz, die sogenannten Piwi-Rebsorten.

Diese Kreuzungen verbinden die resilienten Anlagen von Wildreben mit der Aromatik europäischer Edelreben. Wenn bei Patke Weinberge neu angelegt oder erweitert werden wie an der Messe

Matthias Jahnke denkt sein Weingut zukünftig größer: Vom Jahrgang 2023 wird es 10 000 Flaschen mehr geben als bisher

> **»Wir wollen der Lieferant von Wein und Sekt für Berlin werden«**
>
> **Matthias Jahnke**
> Weingutbesitzer

in Frankfurt (Oder), dann mit neuen Rebsorten: rote Cabernet-Varianten, weiße Sauvignon-Spielarten. An der Messe standen zuletzt Obstbäume, lange davor aber wuchs auch hier einmal Wein. Aus dem nahen Wald schauen Rehe vorbei, Kellermeister Voß hat zuletzt auch einen Wolf gesichtet. An Frankfurts Weintradition schließt Matthias Jahnke gleich in mehrfacher Hinsicht an: mit den wiedererstandenen Weinbergen, einer Weinbar, die ab Sommer in einem Kreuzgewölbe am Holzmarkt mit Terrasse direkt an der Oder eröffnet und mit den neuen Namen seiner Weine. Die Basislinie für knapp unter 10 Euro wird »Oder« heißen, die gehobene ein »Von« tragen, in Erinnerung an den in Frankfurt geborenen Dichter Heinrich von Kleist und seine Novelle »Die Marquise von O ...«.

Die künftigen Top-Flaschen sollen den Namen des Flussgottes Viadrus tragen. Doch was genau einen Spitzenwein aus dem Brandenburger Moränenland ausmacht, werden Voß und Kiegeland erst nach den Erkenntnissen der Ernte 2023 genauer wissen. Am Ende hat sie 36 Tonnen Trauben geliefert und gut sechs Wochen gedauert.

Es ist klirrend kalt im Weinkeller, als die neuen Weine Ende Januar 2024 direkt aus den Tanks und Fässern probiert werden, Kellermeister und Berater aber wirken zufrieden. Beim Verkosten fallen immer wieder die Worte »saftig«, »hat Zug« und »schöne Frische«. Besonders begeistert der allererste Ertrag der Piwi-Rebsorte Pinot Iskra, einer resilienten Weißburgunder-Neuzüchtung mit feiner Würze aus dem Friaul, die in Brandenburg eine neue Heimat gefunden hat.

Die Kunst, die perfekte Cuvée zusammenzustellen

Die Aufgabe der kommenden Wochen: aus den vielen Tanks, Fässern und Rebsorten die endgültigen Weine zusammenzustellen. Das bedeutet, immer wieder zu verkosten und dabei zu überlegen, was sich gegenseitig bereichern könnte. Für »Oder weiß« finden Weißburgunder, Grauburgunder, Muscaris, Bacchus und Souvignier gris zusammen, eine Cuvée, die Struktur, Duft und Trinkfluss vereinen will. Voß und Kiegeland experimentieren, um das volle Potenzial ihrer Weine kennenzulernen. Riesling haben sie in zwei verschiedenen Behältern vergoren, einer traditionellen Tonamphore und einem großen Kunststoffei. »Die Säure wirkt beim Wein aus dem Ei klarer, die aus der Amphore wärmer am Gaumen«, beschreibt Kiegeland den Unterschied. In einem Holzfass lagert Chardonnay, der für den Grundwein des neuen Spitzensekts bestimmt ist. Wer den Blanc de Blancs verkosten will, muss sich gedulden. »Ich will ihn drei Jahre in der Flasche auf der Hefe reifen lassen«, sagt der Kellermeister. Das ist länger als in der Champagne, wo ein Minimum von 15 Monaten vorgeschrieben wird. Bei Patke ist der Anspruch hoch und die Lust am Ausprobieren groß. Es gibt auch einen leicht hefetrüben, sprudelnden Pet Nat im Angebot, einen gelagerten Brand aus Glühwein und Versuche mit einem wuchtigen Rotwein aus angetrockneten Regent-Trauben, hergestellt wie ein Amarone in Italien.

Bislang wurden Patke-Weine vor allem direkt vertrieben, über den eigenen Hofladen und bei den Veranstaltungen, die rund um das Jahr Besucher nach Pillgram einladen. Dort erwarten sie nicht nur der Weinkeller und die eigene Brennerei. In mehreren Häusern wachsen Erdbeeren, geschützt unter einem Foliendach in bequem erhöhter Ernteposition. Auf den Wiesen dahinter grasen die kleinen, robusten Dexter-Rinder, die Matthias Jahnke hält. Per Weideschuss sollen sie, ohne Stress für die Tiere, in der Natur erlegt werden, ein Metzger aus der Region übernimmt die Veredelung zu Wurst und Schinken.

Vom Jahrgang 2023 wird es 10000 Flaschen mehr geben als bisher – und genug, um damit zu beginnen, Berlin für die Weine aus dem Umland zu begeistern. Das ist bislang noch keinem Weingut aus Brandenburg gelungen,

Neben dem Weinanbau kümmert sich Matthias Jahnke auch um seine Dexter-Rinder, eine kleine robuste Rasse

doch Matthias Jahnke zeigt sich optimistisch: »Wir wollen der Lieferant von Wein und Sekt für Berlin werden.« Eine Reihe von Sommeliers und Weinhändlern aus der Hauptstadt haben sich angesagt, um sich vor Ort selbst ein Bild davon zu machen, was da in Pillgram heranreift, und hier künftig vielleicht auch einen eigenen Wein zu verwirklichen. Im April gibt Kellermeister Romano Voß den neuen Jahrgang frei. Er wird die Diskussion darum befeuern, zu welcher Qualität Wein von märkischer Erde gelangen kann.

Neusortierung der Weingüter in Brandenburg

Das Weinland Brandenburg befindet sich mitten in einer Neusortierung. Mit dem »Großräschener See« wurde jetzt erstmals eine regionale Herkunft nach EU-Recht geschützt. Wo ehemals Kohle abgebaut wurde, wachsen heute Piwi-Rebsorten auf einem zusammen mit dem See angelegten Hang, den das Weingut Wobar bewirtschaftet. Nachhaltiger Weinbau hilft hier, die Wunden einer Landschaft zu heilen. Für die Weinberge im Westen rund um Werder soll die Bezeichnung »Mittlere Havel« als geschützte Herkunft beantragt werden, gleichzeitig sind die Nachfolgefragen am Wachtelberg oder in Töplitz offen.

Im Osten dagegen wird in die Zukunft investiert. Neben dem Weingut Patke hat auch Marbachs Wolfshügel unweit der Neiße einen neuen Keller eingeweiht, in dem nun Stefan Bönsch für die Weine verantwortlich ist. Bislang wurden die Weine von Schloss Proschwitz in Sachsen ausgebaut. Auf dem Südhang der Jerischker Endmoräne wächst der beste Riesling der Mark. Über eine Herkunftsbezeichnung, die Brandenburgs aktuell dynamischste Weingüter umschließt, wird noch diskutiert.

Egal, ob sie am Ende »Oder-Neiße« oder »Brandenburger Moränenland« heißen wird: Der regionale Weinbau ist sichtbarer als je zuvor. Und er lädt ein zu Weinen, die keinen Kuriositätenbonus mehr brauchen, sondern selbstverständlicher und genussvoller Teil einer nachhaltigen Kulturlandschaft sind.

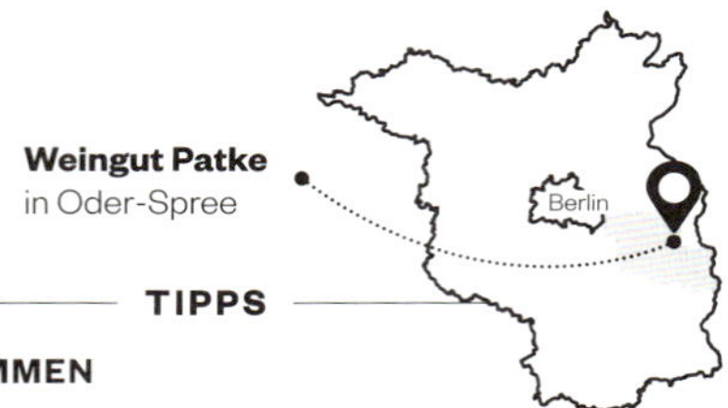

TIPPS

HINKOMMEN

Mit der Bahn
RE 1 Richtung Frankfurt (Oder) bis Bahnhof Pillgram, Fahrtzeit ab Friedrichstraße:
Gut eine Stunde plus 15 Minuten Fußweg vom Bahnhof zum Weingut

Mit dem Auto
A 10 und A 12 Richtung Frankfurt (Oder), bis Abfahrt Müllrose / Petershagen
Fahrtzeit ca. 1,5 Stunden
Parkplätze und Stellplätze für Camper (Landvergnügen) vorhanden

Weingut Patke
Kirchstraße 5, 15236 Jacobsdorf OT Pillgram
Tel. (033608) 33 77, weingut-patke.de
Hofladen geöffnet: Mi 15–18 Uhr, Fr 12–18 Uhr

VERANSTALTUNGEN 2024

Präsentation des Weinjahrgangs 2023:
27. / 28. April, 13–18 Uhr
Erdbeerfest: 25. Mai, 10–16 Uhr,
26. Mai, 13–18 Uhr
29. Brandenburger Landpartie:
8. Juni, 11–22 Uhr, 9. Juni, 11–18 Uhr
Weinfest: 7. Sept., 11–22 Uhr, 8. Sept., 11–18 Uhr
Herbstabschluss mit offenem Weinkeller:
12. Okt., 11–18 Uhr, 13. Okt., 13–18 Uhr
Schlachtefest: 9. / 10. Nov., 11–18 Uhr
Adventsmarkt: 29. Nov., 17–20 Uhr,
30. Nov. 13–20 Uhr, 1. Dez., 13–18 Uhr

Abenteuer ohne Grenzen

Gleich hinter den Großstadttoren Berlins findest du das Seenland Oder-Spree. Hier kannst du den Alltag hinter dir lassen und die stille Natur genießen. Die Radwege im Wasserreich Brandenburgs können sich mit den Besten Deutschlands messen, denn der Allgemeine Deutsche Fahrrad-Club hat der Reiseregion im Osten Brandenburgs das begehrte Zertifikat „ADFC-RadReiseRegion" verliehen.
Als kleinen Vorgeschmack möchten wir dir eine unserer Radtouren etwas näher vorstellen.

HÖHENFLÜGE UND WEITBLICKE IM NÖRDLICHEN ODERBRUCH

Im Wasserreich Brandenburgs hast du die einmalige Gelegenheit an nur einem Tag gleich zwei europäische Länder mit dem Rad zu erkunden. Entdecke entlang des deutsch-polnischen Grenzflusses und mächtigen Stroms der Oder weite Landschaften, historisch bedeutende Städte und Kleinode. Trotz falschem Streckenprofil kannst du von zahlreichen Aussichtspunkten spektakuläre Weitblick genießen und den westlichsten Punkt Polens an der Oder besuchen.

Du startest deine Radtour in Bad Freienwalde, dem ältesten Kurort Brandenburgs. Viele alte Villen zeugen davon, dass der Ort ein mondänes Heilbad war. Wer mehr zur Stadtgeschichte und zum Oderbruch wissen möchte, besucht das kleine Oderlandmuseum.

Am Horizont grüßt schon die nächste Anhöhe, die du nach Überquerung der Alten Wriezener Oder erreichst. Die Neuenhagener Oderinsel ist ein Ergebnis der letzten Eiszeit und ist als Hochland auch heute noch vollständig von Flussläufen umspült. In Schiffmühle lädt ein kleines Museum mit Café zum Verweilen ein.

Bist du an den polnischen Oderhängen unterwegs, wartet ein ganz besonderer Aussichtspunkt auf dich. Das wertvollste Schutzgebiet im Landschaftspark Cedyński wird von über 100 Brutvogelarten und 50 Zugvögeln sowie seltenen Amphibien bewohnt.

Ein Stopp auf dem Weg zurück nach Bad Freienwalde lohnt aber noch im Oderbruchmuseum Altranft. Hier werden das einmalige Wassersystem, seine Menschen und die ländliche Kultur des Oderbruchs präsentiert.

Europabrücke

Kurpark Bad Freienwalde

Infos zur Radtour

Start & Ziel: Bahnhof Bad Freienwalde
Länge: 52 km
Dauer: 4 Stunden
An-/Abreise: RE3 bis Eberswalde, dann RB60 nach Bad Freienwalde

All unsere Radtouren mit Karten und GPX-Track findest du hier: **www.seenland-oderspree.de**

Seenland Oder-Spree

Seenland Oder-Spree e. V.
www.seenland-oderspree.de
info@seenland-os.de

RadReiseRegion adfc Allgemeiner Deutscher Fahrrad-Club

Der Vielschichtige

TEXT **SUSANNE LEIMSTOLL**

In Cottbus schmeckt Baumkuchen fast wie vor 200 Jahren. Wer ihn erfand, wie die Ringe hineingekommen sind und warum er heute auch mal nach Mango oder Matcha schmecken darf. Ein Besuch in der Lausitzer Spitzen-Manufaktur

Am Brunnen auf dem Cottbuser Altmarkt haben sie ihr ein steinernes Denkmal gesetzt: Maria Groch in Biedermeiertracht mit Haube. Auf der erhobenen Rechten balanciert sie, was man heute ihr »Signature Piece« nennen würde, einen wulstigen Kuchen.

1819 soll sie, die »Kochfrau«, eine Mietköchin für Wohlhabende, in einer Winternacht erstmals ihre Version jenes Gebäcks hergestellt haben, das überm offenen Feuer am Spieß gedreht wurde: Baumkuchen. Eine Spezialität, die der Stadt in der Lausitz Renommee brachte und doch nach der Wende mangels Nachfrage verschwand, bis ein Familienbetrieb sie aus der Versenkung holte. »Groch und Erben«, das Unternehmen der Familie Hajek, betreibt heute die einzige Baumkuchenmanufaktur am Ort und ist dabei, mit neuen Aromen ein junges Publikum für eine mehr als 200 Jahre alte Cottbuser Tradition zu begeistern.

Maria Groch ist allerdings nicht die Mutter aller Baumkuchen. Die älteste bekannte Backanleitung lieferte 1426 ein italienisches Kochbuch, das erste deutschsprachige Rezept erschien 1450. Eine Delikatesse für die bessere Patriziergesellschaft. Den Teig legte man anfangs in Schichten um eine rotierende Holzwalze, im 16. Jahrhundert dann im ganzen Stück und befestigte ihn mit Schnüren. So kamen die Kerben in den »Prügelkuchen«. 1682 nennt der Leibarzt Kurfürst Friedrich Wilhelms von Brandenburg in seinem diätetischen Kochbuch das Produkt erstmals »Baumkuchen«. Mittlerweile wurde flüssiger Teig in Schichten auf die Drehwalze geträufelt, die Ringe entstanden durch das Ansetzen eines großen Holzkamms. Man würzte mit Muskat, Zimt, Kardamom, glasierte mit Zucker und Rosenwasser oder streute Schokolade obenauf.

Das älteste Baumkuchenrezept stammt aus einem italienischen Kochbuch von 1426

Die aufwendige Bäckerei muteten sich ab 1800 nur noch Pfefferküchler und Konditormeister zu. Berlin galt als Baumkuchen-Hauptstadt, in der zweiten Hälfte des 19. Jahrhunderts machten Dresden, Stettin, Cottbus und vor allem Salzwedel, das sich die Originalrezeptur des königlichen Hoflieferanten Andreas Schernikow schützen ließ, mit der Versandbäckerei gute Geschäfte. In Cottbus avancierte Maria Grochs Tochter Karoline Wilhelmine Kluge zur Kronprinzlichen Baumkuchen-Hoflieferantin. Um 1900 verkaufte sie ihre Leckerei ans Volk, für bis zu 30 Mark. Stolz und Tradition sind an der Fassade eines Gründerzeit-Eckhauses in der Cottbuser Fußgängerzone abzulesen. Auf sechs gläsernen Tafeln sind alle Baumkuchen-Bäckermeister aufgeführt, die hier nach Maria Groch wirkten, unter ihnen Hermann Buchwald (1852), dessen Marke in Berlin fortbesteht, und Max Lauterbach, der 1900 in Cottbus nicht nur als Hoflieferant Baumkuchen buk, sondern auch ein Café eröffnete, bis heute laut »Feinschmecker« eine der 500 besten Konditoreien Deutschlands, eine Instanz.

Nächste Generation übernimmt

Seit Ende der 1980er betreiben die Gastro-Profis Carsten und Petra Hajek das Café Lauterbach. Die Baumkuchenmanufaktur »Groch & Erben« haben nun Sohn Sören Hajek und seine Partnerin Marianne Methling übernommen. Die beiden halten sich noch immer an Maria Grochs Grundrezept: »4 Pfund Butter, 4 Pfund ff. Zucker, selbst gestoßen und gesiebt, 3 Pfund Kraftmehl, 50 Stück Eier, abgeriebene Schalen und Saft von 4 Zitronen, 3 Stangen Vanille, ¾ Pfund geschälte, geriebene süße Mandeln, ¼ bittere Mandeln und etwas Salz.« Dennoch sieht man der neuen Kollektion, prächtig hinter Glas präsentiert, den Generationenwechsel an. Neben dem Klassiker, dunkel glänzendem zylindrischem Baumkuchen, liegen da Miniküchlein und quadratische, fruchtig-nussige Pralinen, blütenbestreute Halbringe mit gelbem, rotem oder zartgrünem Inneren, versetzt mit Mango, Himbeere, Matcha, Zimt, edel verpackt in schwarz-weiße Kästchen. Sören Hajek hat seine Neuheiten zuletzt auf der »Berlin Food Week« im Bikinihaus vorgestellt. Ein Erfolg. Baumkuchen mit neuen Aromen, sagt er, das komme an beim jungen Publikum.

Ein Stockwerk höher liegt die Backstube, für die eigens ein zusätzliches Geschoss aufs Haus gesetzt wurde und in die man bei Führungen hineinlinsen darf. In der Mitte zwei verchromte, strombeheizte Spezialöfen, hinter deren Klappen sich bei 250 Grad je eine 1,20 Meter lange Walze dreht. Der Bäcker steht dazwischen: Sebastian Leichsner, 43. Eine Weile arbeitete der gebürtige Cottbuser in Baden-Württemberg, zurück kam er allein für die Königsdisziplin Baumkuchen, auf die ist er spezialisiert. »Dauert zwei bis drei Jahre, ehe man alle Tricks draufhat.« Er lässt einen zusehen.

Im Hintergrund rühren die Quirle dreier Mischmaschinen in 18,5-Liter-Kesseln den Teig sämig, bevor aufgeschlagenes Eiweiß untergehoben wird. Die luftige Masse wird in eine lange Wanne vorn am Ofen gekippt. Dann zieht Leichsner die rotierende Walze am Hebel heraus, senkt sie kurz in den Teig, hebt sie, millimeterdünn bedeckt, zurück in den Ofen vor die glühende Heizspirale. Der Spieß rotiert weiter, der Teig bräunt in nur einer Minute so schnell wie Pfannkuchen. Raus mit der Walze, eintauchen, zu dicke Ränder abstreifen, zurück vor den Grill. Im Minutentakt abwechselnd am linken und rechten Ofen.

Drei Teigschichten bilden die Basis, ein kompaktes Gerüst gegen die Schwerkraft. »Wenn was abbricht oder das Ganze runterfällt, isses vorbei«, sagt Leichsner. Der Kuchendurchmesser wächst. Ab der dritten Schicht setzt der Bäcker den großen Metallkamm an; mit jeder Drehung, jeder neuen Teigschicht, jeder tieferen Kerbung wachsen 26 Ringe nebeneinander zu Wülsten. Bald sehen die parallel backenden Kuchen aus wie armdicke, gebräunte Riesenraupen. Zählt Leichsner mit, wie viele Schichten er aufgebracht hat? »Nee«, sagt er, »aber det war die sechste.«

15 werden es insgesamt. Abtropfen nach jedem Tauchgang, damit es keine Schlieren gibt, Teigblasen mit dem Finger ebnen, auf gleichmäßigen Umfang achten. Die Schichten ergeben später die feinen Ringe. Aber: je dunkler, desto trockener. Hat er schon mal was verbrennen lassen? Leichsner zieht die Augenbraue hoch, kurzes Nicken. »Heute zweemal.« Nach einer halben Stunde Backzeit wiegt jeder Kuchen mit Walze 5,4 Kilogramm. Ein zu dicker Stamm würde nicht in die Verpackung passen. Über Nacht darf alles am Spieß auskühlen. Leichsner setzt eine neue Walze in den Ofen. Fünf Minuten aufheizen, eine Zigarettenlänge Zeit. Dann geht es von vorne los, in der Hochsaison, der Vorweihnachtszeit, sind es manchmal zehn Stunden en suite. Ein Luxusgeschäft, auch was die Solarstromrechnung betrifft: »Derzeit kommen wir im Jahr auf einen hohen fünfstelligen Betrag«, sagt der Juniorchef.

Neue Varianten wie vegane Mini-Baumkuchen

Nebenan liegen 600 Ringe zum Versand bereit. Konditorin Anne Schneider beginnt morgens um eins mit dem Schokolieren, damit alle Kuchenwalzen frei sind, wenn der Bäcker kommt. Die Baumkuchenteile ummantelt sie mit Schokolade der belgischen Firma Callebaut: Weiß, Vollmilch, Zartbitter. Eine Maschine temperiert und überzieht die kleineren, die größeren werden von Hand mit Kuvertüre begossen, schnell und gleichmäßig, damit der Überzug spiegelglatt aushärtet. Ein Kunststück. Jedes Stück kommt in Zellophan und für den Versand noch in Kartons mit Pappschnitzeln als Dämmmaterial. Alles muss frisch raus, die Haltbarkeit im Schokomantel beträgt circa acht Wochen, danach leidet der Geschmack. »Künstliche Zusatzstoffe haben bei uns Hausverbot«, sagt Sören Hajek. Er plant neue Varianten für die junge Zielgruppe, zum Beispiel vegane Mini-Baumkuchen, auch Baumkuchenlikör, eventuell weitere Füllungen. »Ich sehe Baumkuchen als Ganzjahresprodukt«, sagt er.

Sören ist Quereinsteiger, arbeitete früher in der Flugplanung. Für die »Cottbuser Baumkuchenmanufaktur«, die sein Vater Carsten 2006 als Unternehmen ausgründete, hatte er erst nur den Onlineshop gestaltet, erlebte dann, wie das Geschäft stetig wuchs. Den Anstoß gaben Exil-Cottbuser:

Nicht nur in der Weihnachtszeit: Chef Sören Hajek sieht Baumkuchen als Ganzjahresprodukt

Königsdisziplin Baumkuchen – ein Blick in die Backstube

Der Teig wird in großen Mischmaschinen sämig geschlagen, bevor er in eine lange Wanne vor den Ofen gekippt wird

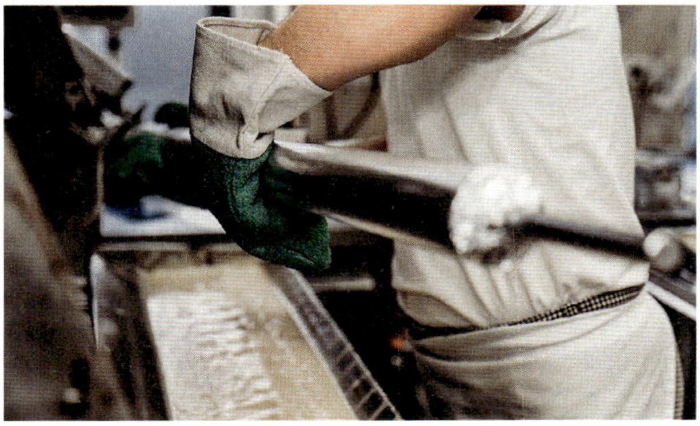

Die Schichten entstehen nach und nach, indem die rotierende Walze immer wieder kurz in den Teig gesenkt wird

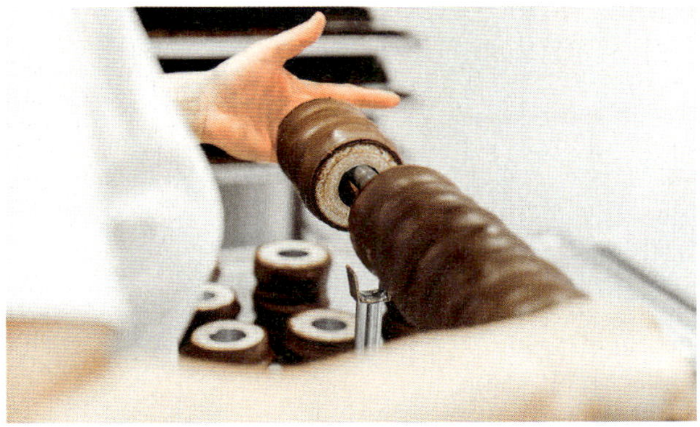

Am nächsten Morgen wird der Baumkuchen von Hand mit belgischer Schokolade begossen, möglichst schnell und gleichmäßig

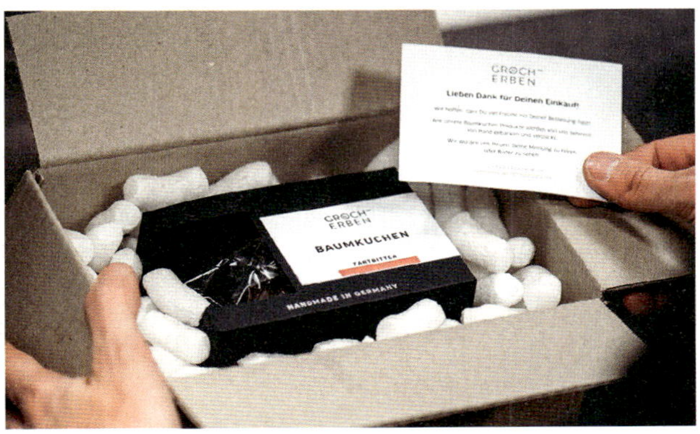

5,4 Kilogramm wiegt ein Baumkuchen mit Walze nach der Backzeit – ein zu dicker Stamm würde nicht in die Verpackung passen

Hüter des Baumkuchen-Erbes: Sören Hajek leitet zusammen mit seiner Partnerin Marianne Methling die traditionsreiche Cottbuser Manufaktur

Carsten Hajek erreichten Jahre nach der Wende Briefe von Einheimischen, die mittlerweile in Westdeutschland lebten. Heimwehkranke Hilferufe: Gibt's das Café Lauterbach noch? Habt Ihr noch Baumkuchen? Wir wollen bestellen. »Wir dachten, nach zehn Briefen ist Schluss«, erzählt der Senior. Aber es kamen immer mehr. Hajek wagte den Versuch, kaufte für 13000 Mark einen Baumkuchenofen, testete mit seinem Bäckermeister Rohstoffe: Marzipan aus Lübeck, belgische Kuvertüre, Eier, Mehl, Süßrahmbutter aus Sachsen. Alle Briefeschreiber erhielten ein vorweihnachtliches Baumkuchenpäckchen mit Grußpostkarte aus Cottbus, fast alle schrieben zurück und legten Adresslisten von Bekannten bei, die sie beschenken wollten. 100 Pakete gingen 1991 raus, im Folgejahr doppelt so viele, ab 1994 regulär große Mengen. »Damals verkauften wir Baumkuchen in Cottbus saisonal von Oktober bis Ostern. Dann kamen im Frühling die BuGa-Touristen, die Fußballfans. Jetzt ist unser Baumkuchen das Cottbus-Souvenir.« Jahresproduktion: zwölf Tonnen, sechs für Internetbestellungen, sechs für den Einzelhandel. »Groch und Erben« beliefern weltweit und im Inland, vier Geschäfte auch in Berlin.

Was ist der Unterschied zum maschinellen Baumkuchen-Produkt? »Unser Manufaktur-Teig ist feuchter, schwerer, gehaltvoller. Mehr Butter, mehr Eier. Der wäre maschinell nicht zu verarbeiten, er würde von der Walze brechen«, sagen beide Chefs. Ganze 49,60 Euro das Kilo, da kommt auch Kritik. »Wir machen ein High-End-Produkt. Dafür sind wir noch preiswert«, halten beide dagegen.

Ob man so viel Luxus schmeckt? Korrekt anschneiden, das Messer quer ansetzen, einen Ring abtragen und achteln. Oder von oben nach unten tranchieren, eine Viertelrippe dünn. Ein bisschen Andacht: Das Innere des Kunstwerks betrachten, die hauchfeinen dunklen Linien, am hellen, duftenden Teig schnuppern. Der erste Biss durch die knackende Schokohülle ins weiche Innere, saftig, dicht, federnd. Das Aroma rund und dezent, eine Ahnung von Vanille, Mandeln, Muskat, Zitrone, nicht zu süß, sehr fein. Isst der Bäcker Sebastian Leichsner, der das ganze Jahr nichts als Baumkuchen drechselt, sein eigenes Produkt denn selbst noch gern? »Zum Kaffee immer einen ganzen Ring«, sagt er. »Ich teile ungern.«

GROCH & ERBEN
Cottbus
Mühlenstraße 45, 03046 Cottbus
grochunderben.de

Groch & Erben
in Cottbus

DIE BESTEN 5

Erdbeeren, Lammwürste, Eier, Honig, königlicher Käse oder frisches Brot: Die besten Brandenburger **Hofläden** bieten etwas für jeden Geschmack

Hofladen Gut Kerkow

Die ganzheitlich produzierten Bioprodukte des Gutshofs in der Uckermark kennen viele Berlinerinnen und Berliner auch aus den Metzgereien in Schöneberg, Mitte oder Friedrichshain. Das Fleisch wird traditionell verarbeitet; die schottischen Angusrinder werden »mit Ruhe und Respekt« direkt vor Ort geschlachtet, dort, wo sie auch aufwachsen und leben. Schweine-, Lamm- oder Gänsefleisch kommt von vertrauten Partnerhöfen aus nächster Umgebung. Kein Wunder also, dass vor allem die Fleischauswahl des Hofladens sehr umfangreich ist, unter anderem findet man auch Filets und Wurst vom Bison. Dazu gibt es ein Bio-Vollsortiment mit Obst und Gemüse, Molkereiprodukten, Honig aus der Region sowie hausgemachten Konserven, Marmeladen, Soßen und Aufstrichen aus der Gutsküche. Ein Tipp noch für die Großstädter: In den Berliner Metzgereien des Guts bekommt man auch sehr guten Mittagsimbiss zu günstigem Preis.

Angermünde OT Kerkow, Greiffenberger Straße 8
gut-kerkow.de

Weidelandfarm Riebener See

Auch wenn der kleine Hofladen am Abend oder am Sonntag geschlossen hat, frische Eier, Fleisch und Wurst von den Weiderindern und den Freilandhähnchen bekommt man in den Verkaufsautomaten direkt am Hof oder beim Rathaus Beelitz, in Michendorf oder in Nuthetal 24 Stunden rund um die Uhr. Bezahlt wird bargeldlos mit Karte. Das Sortiment im Hofladen selbst ist natürlich noch umfangreicher, inklusive Biokaffee und Biohonig.

Beelitz Hennickendorfer Straße 35 c
weidelandfarm.de

Hofladen Falkensee

Auf 180 Quadratmetern bekommt man das volle Sortiment mit Eiern und Geflügel aus eigener Freilandhaltung sowie Obst und Gemüse von befreundeten Höfen, Bioweine und Eingemachtes, dazu eine tolle Auswahl an Brot und Backwaren. Die selbst gebackenen Kuchen kann man gleich mitsamt frisch gebrühtem Kaffee in der »Klönstuv« und draußen im Grünen verkosten. Regelmäßige Hoffeste, im Juni findet auch wieder das Erdbeerfest statt.

Dallgow-Döberitz Dallgower Straße 1
hofladen-falkensee.de.de

Milchschafhof Pimpinelle

Auf dem schönen alten Hof direkt am Fluss – unweit von Neuhardenberg – züchten Amelie und Franziska Wetzlar Steinschafe, eine widerständige alte Rasse, die eigentlich aus den slowenischen Alpen stammt. Milch und Fleisch der Tiere schmecken aromatischer, die Wolle ist fester und besser zu verarbeiten. Im Hofladen verkaufen die Schäferinnen feine Milchprodukte, vom Schafsquark über cremigen Ricotta bis zu festem Schnittkäse, würzige Lammwürste und kaltgeräucherten Schinken, aber auch Wolle und Schafsfelle. In den Sommermonaten wird auch geschlachtet, dann ist ab Hof und online frisches Lammfleisch in allen Variationen zu haben. Wichtig: Das ganze Tier wird verarbeitet.

Quappendorf Lindenstraße 20
milchschafhof-pimpinelle.de

Hofladen Ökodorf Brodowin

Der beliebteste Käse aus dem Ökodorf, der dem gern gesehenen Besucher King Charles III. von England gewidmet ist, heißt »Brodowiner Krone«. Daneben sind im Hofladen Obst und Gemüse, Fleisch, Wurst und Eier und viel mehr aus eigener Produktion und in Demeterqualität zu bekommen. Weitere Geheimtipps aus dem Laden sind der feine Mozzarella, der im Glas verkauft wird, und die sehr leckeren Nussecken.

Chorin OT Brodowin, Weißensee 1
brodowin.de

Übernachten

OTTOLENGHI TEST KITCHEN
SHELF
LOVE
POST MODERN DESIGN COMPLETE
ATTIC
Platform Germany
DIS SO NAN CE
EYE ON TIME
AUTOPSIE
BITTE LEBN

Aus der Tür

TEXT **BETTINA HOMANN**

Perfekte Fusion aus ländlichem Idyll und modernem Design: Mit dem Studio Uckermark haben Jane Garber und Karel Kuehne einen wunderbaren Ort für kreative Auszeiten geschaffen

ins Paradies

Wohnhaus und Stall des Rieckshofs, errichtet Mitte des 19. Jahrhunderts

Übernachtungsmöglichkeiten im ausgebauten Obergeschoss des Studios

Außerhalb von Templin, kurz hinter der Gaststätte Zur Walnuss, geht ein Feldweg von der Landstraße ab. Folgt man ihm, landet man nach ein paar Minuten rumpelnder Fahrt am Rieckshof, der Mitte des 19. Jahrhunderts als Dreiseithof errichtet wurde. Das Wohnhaus und der Stall des Hofs – die Scheune ist in den 1970er-Jahren eingestürzt – sind die einzigen Häuser weit und breit, umgeben von einem blühenden Garten, Streuobstwiesen und Feldern. Der Himmel ist weit – und es ist sehr still. Die berühmte Immobilienregel Nummer eins, »Lage, Lage, Lage« ist hier definitiv erfüllt.

Vor gut 20 Jahren haben Jane Garber und Karel Kuehne den verfallenen Hof gekauft. Dass sie hier einmal leben würden, war nicht geplant, waren sie doch eher prototypische Großstadtbewohner. Er Fotograf, sie Stylistin und Moderedakteurin, Mitbegründerin des Lifestyle-Magazins Qvest, lebten und arbeiteten sie in Paris, New York und Berlin. »Wir haben uns das hier als kleines Refugium zum gelegentlichen Ausspannen vorgestellt«, sagt Karel Kuehne. Mit seinem leicht angegrauten Bart, Cargohose und Kapuzenpulli passt er in die Uckermark gleichermaßen wie ins New Yorker Fotostudio. »Je nachdem, wie wir Geld und Zeit hatten, haben wir am Haupthaus ein bisschen was gemacht.« Während Corona haben sie dann ihren Lebensmittelpunkt hierher verlegt. Und dabei einen lange gehegten Traum umgesetzt: den Stall in ein Fotostudio zu verwandeln.

Von außen sieht das Studio mit seinen dicken Mauern aus Feldstein und Ziegel, dem Tor aus verwittertem Holz und dem rot gedeckten Dach nach wie vor wie ein altes Nutzgebäude aus. Doch im Inneren erwartet einen die Überraschung: ein Raum mit Loft-Feeling, in dem Archaisch-Ländliches und puristisch-modernes Design eine gelungene Fusion eingehen. Roher hellgrauer Betonboden, ein langer heller Holztisch mit Bänken, ein graues Ledersofa und eine weiße Küchenzeile vor der rohen Steinwand. Der größte Hingucker ist das Panoramafenster in der hinteren Wand. Eine Spezialfirma, die praktischerweise im Nachbarort beheimatet ist, hat es mit einer riesigen Kreissäge aus der Mauer geschnitten. »Das war eine spektakuläre Aktion«, sagt Kuehne, »wie aus einem James-Bond-Film«. Vor dem Fenster stehen zwei mit weißen Schaffellen belegte Holzstühle. Stundenlang kann man hier sitzen und hinausschauen auf den kleinen Teich, den Wald in der Ferne und die Weide, auf der die Kühe ihre Runden drehen. Ihre immer gleichen Runden, wie Kuehne erklärt. »Gegen Abend kommen sie am Zaun vorbei, dann gehen sie etwas trinken am Teich.« Ins Gästebuch haben Bauingenieurinnen, die hier vor einiger Zeit ein paar Tage verbracht haben, geschrieben: »Wir haben Kuh-TV genossen.«

Neben dem Fenster steht eine geschwungene weiße Holztreppe wie eine Skulptur. Sie führt nach oben in den ausgebauten Dachstuhl. Hier sind in den Nischen unter den Dachgauben sechs Schlafplätze untergebracht. Hinter einer großen Wand im Hauptraum, die als Fotohintergrund ebenso taugt wie als Projektionsfläche für Filmvorführungen, verbirgt sich ein kleines Lager für Foto-Equipment

Besser als Netflix: Hier kann man stundenlang »Kuh-TV« glotzen

Schöner lässt es sich kaum arbeiten: das Studio für Fotoshootings, Seminare, Workshops

aller Art, sodass die Besucher nicht alles mitbringen müssen, wenn sie das Studio für ein Shooting anmieten.

Das Gebäude geschmackvoll in Ruhe gelassen

Umgesetzt hat das Projekt die Architektin Helga Blocksdorf. Garber und Kuehne haben eine Art Mini-Ausschreibung gemacht und sich schnell für die Professorin der TU Braunschweig entschieden, die es liebt, bestehende Gebäude umzugestalten. Als die Architektin den Hof das erste Mal besichtigte, war sie völlig begeistert von dem schönen Ort – und davon, dass die Besitzer ihn »so geschmackvoll in Ruhe gelassen« hatten. »Mein Impuls war, so wenig wie möglich Hand anzulegen, keine neue Fassade, kein neues Dach, sondern nur so dezidiert einzugreifen, damit ein neues Raumgefühl entsteht«, sagt Helga Blocksdorf über das Projekt.

Das traf sich gut, da kein großes Budget zur Verfügung stand. Ein Großteil davon floss in den Fußboden mit der neu installierten Heizung darunter. Die Steinwände wurden einfach gelassen, wie sie waren. Da sie mit 60 Zentimetern Dicke recht gut isolieren, fand Blocksdorf es vertretbar, sie nicht zu dämmen. Im Dach wurden Schleppgauben eingebaut, wie sie in mittelalterlichen Kirchen üblich waren, die Licht hereinbringen, formal aber möglichst zurückhaltend sind. Das Ergebnis überzeugt nicht nur die Bauherren, sondern auch die Fachwelt: Mit dem Projekt gewann Helga Blocksdorf den Preis der Fachzeitschrift »Architectural Review« und wurde für den renommiertesten Europäischen Architekturpreis, den »EUMiesAward«, nominiert.

Weit und breit das einzige Haus – umgeben von Feldern und Streuobstwiesen

Die Stille in der Natur lieben lernen

Seit der Eröffnung 2021 ist das Studio regelmäßig ausgebucht. Es kommen Gruppen für Fotoproduktionen und Workshops, für Musikaufnahmen oder einfach zum Entspannen. Ein Schiesser-Unterwäschekatalog ist hier ebenso entstanden wie die Weihnachtsausgabe der Zeitschrift »Living at Home«. »Wenn es einfach nur ein Studio wäre, würde wohl niemand extra hierherfahren«, ist Karel Kuehne überzeugt. »Aber dadurch, dass wir die Natur, die tolle Landschaft drumherum haben, ist der Ort besonders. Das ist schon ein Alleinstellungsmerkmal: Du hast ein Studio, fällst aus der Tür und bist im Paradies.«

Natürlich nutzen die Besitzer ihren schönen Arbeitsort auch selbst. Seit einiger Zeit beschäftigen sie sich intensiv mit den Themen Food und Kulinarik, sie haben einen Gemüsegarten angelegt und stellen ihren eigenen Apfelsaft her, kochen viel, auch mit Köchen aus dem Nachbarort und fotografieren in der gut ausgestatteten Küche des Studios für ihren Instagram-Account »Rosmarin und Petersilie«. Nur für Partys möchten Garber und Kuehne ihr Studio nicht vermieten, schließlich wohnen sie direkt nebenan. Und die Ex-Großstädter haben die Stille lieben gelernt.

STUDIO UCKERMARK
Uckermark
Rieckshof 1, 17268 Templin
OT Klosterwalde
das-studio-uckermark.de

KURZTRIP
Burghotel Lenzen

Vergangenheit trifft auf Zukunft: In der denkmalgeschützten Burg, erbaut auf den Mauern eines Slawenforts, residiert heute eines der größten veganen Hotels Deutschlands – die Philosophie zieht sich durch das gesamte Haus

TEXT **HELLA KAISER**

Die Sonnenterrasse des Ahead Burghotels in Lenzen hat schon mal fünf Sterne verdient. Rundherum sprießt viel Grün, durchsetzt von bunten Blumen, kein Autolärm stört. Die idyllisch gelegene Herberge liegt mitten im Biosphärenreservat Flusslandschaft Elbe. Wer sich hier allerdings eine deftige Roulade oder einen zart gebratenen Zander bestellen möchte, hat Pech. Ausschließlich Veganes kommt auf den Tisch. »Vegetarier zu sein, reicht nicht«, sagt Hotelchef Jonas Mog. Jegliches Tierleid ist tabu. Und deshalb gibt es hier auch weder Eier noch Kuhmilch.

Seit acht Jahren ist Mog selbst Veganer. Die achtsame Philosophie zieht sich durchs ganze Haus. Es gibt keine Daunenkissen oder Decken, Fußböden und Möbel sind aus nachhaltig gewachsenem Holz, das Hotel erzeugt die benötigte Energie selbst und ökologisch korrekt.

Warum das vormalige Burghotel seit dem Betreiberwechsel 2021 ein »Ahead« vor den Namen stellte, habe auch mit der neuen Philosophie zu tun. »Wir wollen im Hotelbereich Vorreiter in Deutschland sein«, sagt Mog. 70 Betten insgesamt sind zu füllen – und das gelingt offenbar leicht. Schließlich gebe es zwei Millionen Veganer in Deutschland.

Schmeckt gut: raffinierte vegane Gerichte

Biosphärenreservat Flusslandschaft Elbe

Dabei kämen laut Mog auch Gäste, die tierischen Produkten gar nicht komplett abgeschworen haben und vielleicht flexitarisch sind, also einfach selten Fleisch essen. Die Leute seien dann überrascht, wie gut alles schmeckt. Und stehen verblüfft vor dem opulenten Frühstücksbüfett, auf dem sogar auch Fleischsalat zu finden ist, der aber kein Fleisch enthält. Hochwertige Ersatzprodukte sind verarbeitet.

Auch sonst kann der Gast hier viel für seine Gesundheit tun. Täglich werden Yogasessions oder Meditationen angeboten, der große Garten lädt zum Lustwandeln ein. Den Ort Lenzen mit rund 2500 Einwohnern sollte man auch unbedingt besichtigen. Zu DDR-Zeiten Sperrgebiet und danach lange vernachlässigt, rührt sich nun einiges in Lenzen. Sukzessive werden die oft denkmalgeschützten Häuser restauriert, in eines ist unlängst eine Kunstgalerie eingezogen. Sportliche Aktivitäten gefällig? Gleich am Burggarten startet man zur Paddeltour auf der Löcknitz. Hier und dort surren schillernde Libellen übers Wasser, ein Eisvogel landet auf einem Ast. Nur zehn Flusskilometer sind es bis zur Landesgrenze zu Mecklenburg-Vorpommern.

Auch das Interieur ist vegan und nachhaltig

Mit dem Rad, in Lenzen ausgeliehen, fährt man auf dem Elbdeich entlang, weit spannt sich der Himmel über die grandiose Landschaft. Und wenn es einen doch nach bodenständigen Fleischgerichten gelüstet, kehrt man ein im Café Elbeglück in Mödlich. Chefin Fria Hagen tischt hier nicht nur Köstliches auf, sondern hat auch weise Ratschläge parat. Einer lautet: »Legen Sie mal ihr Handy weg«. An der Elbe solle man lernen, still zu sitzen und runterzukommen. Ist ganz leicht.

TIPPS

Mit dem Auto
A 24 über Ausfahrt Putlitz nach Lenzen. Fahrtzeit ca. 2,5 Stunden

Mit der Bahn
RE 8 bis Wittenberge, dann mit dem Bus 944 nach Lenzen. Fahrtzeit ca. 2,5 Stunden

Ahead Burghotel
Burgstraße 3, 19309 Lenzen (Elbe)
Tel. (038792) 94 99 99
EZ ab 79 Euro, DZ ab 134 Euro, aheadhotel.de

Café Elbeglück
Gartenlokal am Elbdeich, Lenzener Straße 13, Mödlich. Vom Burghotel bis zum Café sind es mit dem Fahrrad 25 Minuten am Deich entlang.

Ahead Burghotel in Prignitz

COOL
aber nicht kühl

Die digitalen Nomaden ziehen weiter und entdecken das Landleben – im neu eröffneten Retreat St. Oberholz

TEXT **SUSANNE KIPPENBERGER**

Passt! Das ist des grantelnden Bayern höchstes Lob. Weit weg, im norddeutschen St. Oberholz, scheint alles zu passen.

Die Atmosphäre: entspannt.

Die Stille: inspiriert. Die einen zum Arbeiten, die anderen zur Turbo-Erholung. Wobei sich auch das Arbeiten hier wie Erholung anfühlt, wenn man sich mit dem Laptop aufs Sofa im Gewölbekeller zurückzieht oder in den Liegestuhl legt. Das St. Oberholz bekommt einen interessanten Spagat hin, ohne dass es wie eine Verrenkung wirkt. Freundinnen, Paare, Familien, Arbeitende, allein oder im Team, verweilen hier in friedlicher Koexistenz.

Das Essen: köstlich. Morgens zum üppigen Frühstück gibt's zur aufgeschlagenen Butter knuspriges Sauerteigbrot anstelle der gängigen lappigen Hotelbrötchen, abends ein hauchzartes, Ottolenghi-inspiriertes Rote-Bete-Carpaccio mit gerösteten Haselnüssen und würzigem Öl. (Hoffentlich, hoffentlich können sie das Küchenteam halten.)

Die Einrichtung: cool, aber nicht kühl. Viel Vintage, elegante Farbigkeit, Lehmwände sorgen für eine angenehme Atmosphäre. Aus Landhausmöbeln des Vorbesitzers und Hotelbetreibers werden dank des monochromen Konzepts plötzlich stylishe Möbelstücke. Die Betten wurden auf ein Podest gesetzt, sodass der Blick aus dem Fenster direkt in die Bäume fällt. Lässig, so könnte man das Retreat vielleicht am besten beschreiben. Auf der Veranda des Gutshauses schaukelt eine Bank, dahinter liegt der See. Selbst im Winter kann man baden, im kleinen Pool, eine Sauna gibt's natürlich auch.

Ansgar Oberholz, dessen Partnerin Koulla Louca für die Gestaltung des 2023 eröffneten Retreats verantwortlich ist, hatte am Rosenthaler Platz mit seinem Café ja schon vor Jahren einen Co-Working-Ort geschaffen, als das Wort praktisch noch gar nicht erfunden war. Jetzt also ziehen die digitalen Nomadinnen und Nomaden durchs Fachwerkhaus auf dem Dorf, lassen sich vor dem Kachelofen nieder oder im Salon. Manchmal legen sie auch den Laptop zur Seite und blättern in einem der analogen Bildbände, die hier und dort stehen.

Die Preise: erschwinglich.

Ein Wermutstropfen: Mit Öffentlichen kommt man nicht gut hin. Und – jetzt bitte sehr stark sein: Das Hotel liegt gar nicht in Brandenburg! Man muss die Grenze zu Mecklenburg überschreiten. Aber gefühlt ist das Retreat – anderthalb Stunden mit dem Auto entfernt – nicht weit von Waren, ja ohnehin eine Außenstelle der Mitte Berlins. Eine unaufgeregte.

ST. OBERHOLZ RETREAT
Uckermark
Woldzegarten / Leizen, Walower Straße 30.
sanktoberholz-retreat.de

SCHLAFEN UNTERM STERNENHIMMEL

Wann ist man näher an der Natur als an abgelegenen Orten, die einem den unbeschränkten Blick ins Universum bieten? Einige besondere Schlafplätze mit exklusiver Fernsicht

TEXTE **MICHAEL PÖPPL**

UNENDLICHE WEITEN

Der Albertinenhof ist ein idealer Übernachtungsort im Westhavelland, um den nächtlichen Sternenhimmel zu bewundern, dank dünner Besiedlung und fern jeder Lichtverschmutzung. Man kommt im modern eingerichteten Bauwagen oder im schicken Tiny House unter, dank eingebauter Küchen kann man sich wunderbar selbst versorgen. Am hellen Tag lockt der Naturpark Westhavelland zu Ausflügen, im Schutzgebiet kann man Biber, Fischotter, Seeadler oder die seltenen Großtrappen beobachten. Abends sitzt man gemütlich an der Feuerschale und schaut in die unendlichen Weiten.

ALBERTINENHOF
Havelland, Rathenow / Albertsheim
albertinenhof-havelland.de

ANGELPARADIES MIT AUSSICHT

Ein spannendes Bio-Projekt im Westen Brandenburgs. An den 25 Teichen mit eigener Quelle kann geangelt werden: Bachforelle, Saibling und Stör wachsen unter nachhaltigen Bedingungen auf. Auch regionale Spitzengastronomen versorgen sich hier mit besten Süßwasserfischen. Zum Angelpark gehören auch sechs »Slubes«, runde Smarthome-Türme, in denen man übernachten kann, ausgestattet mit Fußbodenheizung, WLAN, Dusche und WC. Und abends, wenn die Grillen zirpen und die Frösche quaken, guckt man bei wolkenfreiem Himmel in das wundervoll funkelnde Firmament.

25 TEICHE
Potsdam-Mittelmark, Gräben
25teiche.com

STILLE NACHT IM WALD

Ruhe finden und entspannen, das ist das, was wir Großstädter am häufigsten im Brandenburger Umland suchen. So wie Klaus und Marlies, Künstler und Yogalehrerin, die sich hier im Wald einen besonderen Ort schufen, an dem sie auch Gäste zu Seminargruppen und Kunstevents empfangen. Man kann sich aber auch einfach eines der »Hanging Tents« mieten und dort die wirklich stille Nacht zwischen den Bäumen erleben, ganz nahe an der Natur sein und tatsächlich himmlisch schlafen. Sehr beeindruckend ist der Blick vom Schlafsack aus in den leuchtenden Himmel zwischen den Wipfeln.

WALDPARADIES BORKHEIDE
Potsdam Mittelmark, Borkheide
waldparadies-borkheide.de

WALD UND WASSER PUR

Das Biosphärenreservat Spreewald ist ganz in der Nähe, deshalb engagieren sich die Betreiber auch in Nachhaltigkeit: Strom kommt von der Sonne, Müllvermeidung und Trinkwassersparen gehören zum Konzept. Wer nicht mit dem eigenen Wohnwagen oder eigenem Zelt anreist, kann sich im Kanuheim mit vier Schlafräumen, in einem der Tiny-Camper oder in den gemütlichen Holzhäusern einmieten. Durch die Lage direkt am Wasser ideal für Kanusportler und sonstige Wasserratten. Wenn es mal langweilig ist: Schloss und Stadt Lübbenau liegen nur fünf Gehminuten entfernt.

SPREEWALD NATURCAMPING
Spreewald, Lübbenau
spreewaldcamping-schloss.de

SCHWEBEN IM BAUMZELT

Schlafen mit Blick in den Sternenhimmel und dabei einen Meter über dem Boden schweben: Neben klassischen Ferienhäusern und Wohnwagen, die sich mieten lassen, findet man auf dem Naturcampingplatz am Springsee auch Schlaffässer und Baumzelte, in denen man übernachten kann. Ideal für Kanu- und Fahrradausflüge. Von hier aus kann man hervorragend die Gegend rund um den Scharmützelsee und Bad Saarow erkunden. Gut zu wissen: Hier sind Hunde und ihre Besitzer sehr willkommen, es gibt einen riesigen Hundeauslaufplatz und eine Hundebadestelle.

NATURCAMPING SPRINGSEE
Oder-Spree, Storkow (Mark)
springsee.de

DIE BESTEN 5

Urlaub ist, wenn einen das Plätschern der Wellen in den Schlaf wiegt. Fünf ganz besondere **Orte am Wasser**, wie man sie nur in Brandenburg finden kann

Pfarrhaus Mödlich

Es kann passieren, dass man hier morgens vom Blöken der Schafe geweckt wird. Direkt am Elbdeich grasen sie am liebsten. Ansonsten kann Mödlich, ein Dorf mit im Moment 108 Einwohnern, der ruhigste Ort der Welt sein. Nachts hört man, bei offenem Fenster, die Elbe leise vorbeirauschen, oder die Dieselmotoren der Lastkähne in weiter Ferne tuckern. Das alte Pfarrhaus wurde aufwendig mit nachhaltigen Baustoffen saniert, das Ergebnis 2015 mit dem Brandenburgischen Denkmalpflegepreis belohnt. Die drei unterschiedlich großen Ferienwohnungen sind stilvoll eingerichtet und bestens ausgestattet, das ganze Haus ist nicht nur für Familienurlaube, sondern auch für Seminare und Arbeitsaufenthalte bestens geeignet. Der 4500 Quadratmeter große Garten lädt zum Spielen ein, die schöne Elblandschaft ringsum zum Spazierengehen und Entdecken.

Mödlich Lenzener Straße 13
pension-am-elbdeich.de

Schwimmende Ferienhäuser

Ganz sanft schwankt das Ferienhaus auf dem Wasser, darüber prangt nachts der Sternenhimmel. Am nächsten Morgen gleich nach dem Aufwachen kann man direkt von der Terrasse in den gefluteten Gräbendorfer See springen. Die mit allem Komfort ausgestatteten Floating-Houses in der Lausitz haben mindestens zwei Schlafzimmer, einen offenen Wohn-Ess-Bereich, Zugang zur Sauna, eine Dachterrasse und sind dank integrierter Heizung auch in kälteren Monaten bewohnbar.

Vetschau OT Laasow, am IBA Steg 1
schwimmendesferienhaus.de

Hafencamp Senftenberg

Der Senftenberger See gehörte Anfang der 1970er-Jahre zu den ersten Gewässern, die aus einem Tagebau entstanden sind, und ist ein beliebtes Ausflugsziel für Familien. Zum Strandhotel gehört auch das Hafencamp, in dem man kleine preisgünstige Campinghütten für drei bis vier Personen mieten kann, in der schicken Hafenlodge mit Terrasse und Blick auf den See logiert oder in einem der gemütlichen Baumhäuser im Kiefernwald auf vier Meter Höhe nächtigt.

Senftenberg Am See 3
senftenberger-see.de

Schloss Golm

Vom Pavillon im Garten direkt am Großen Zernsee hat man den besten Blick auf den Sonnenuntergang. Das Schloss Golm wurde in den 1920er-Jahren erbaut und war beliebter Treffpunkt der Babelsberger Ufa-Stars wie Willy Fritsch oder Marlene Dietrich. Das sehr gute Restaurant zieht noch immer die Prominenz an. Im Schloss selbst gibt es nur zwei Doppelzimmer, die besonders bei Hochzeitspaaren beliebt sind, die Gäste werden im benachbarten Landhotel Potsdam (nur drei Minuten Shuttle) untergebracht.

Potsdam OT Golm, Am Zernsee 1
gutschlossgolm.de

Resort Mark Brandenburg

Erstmal komfortabel frühstücken mit Blick aufs Wasser: Die meisten Doppelzimmer des Resorts verfügen über einen eigenen kleinen Balkon, auf dem man den Tag stilvoll beginnen oder auch den Abend entspannt ausklingen lassen kann. In der angeschlossenen Fontane Therme gehört der Blick auf den Ruppiner See zum kleinen Luxus, den man sich gönnen sollte, gerade wenn man nach dem Schwitzen in der schwimmenden Seesauna direkt in den See springen kann. Danach entspannt man beim exquisiten Menü im Restaurant Parzival, wo Küchenchef Matthias Kleber eine wunderbare Regionalküche zaubert, die im Sommer auf der Terrasse mit – natürlich – Blick auf den See serviert wird.

Neuruppin An der Seepromenade 20
resort-mark-brandenburg.de

Urlaubs-stimmung

Edward Hopper „The long leg“ (1930)

Hochwertige Reproduktion im Fine Art Giclée-Verfahren von Hand in einem patentierten Verfahren auf Künstlerleinwand gearbeitet und traditionell auf einen Holzkeilrahmen gezogen. Mit fühl- und sichtbarer Leinenstruktur und zusätzlich von Hand aufgetragener Pinselstruktur wirkt der Kunstdruck wie ein Originalgemälde. Mit Künstlerfirnis versiegelt, in handgearbeiteter, weiß-goldfarbener Massivholzrahmung.

© Felix Rosenstiel's Widow & Son Limited.

67 x 87 cm

540 €

Bestellnr. 926226

Anja Struck „Ich träume den Sommer“

Hochwertige Edition hinter 3 mm starkem Acrylglas auf Aluminiumplatte, mit Aufhängevorrichtung. Aufgrund der glatten Oberfläche kann es je nach Lichteinfall zu Spiegeleffekten kommen

Limitierte Auflage: 199 Exemplare, nummeriert, inklusive signiertem Zertifikat

44 x 99 cm

690 €

Bestellnr. 943896

Gartenskulptur „Schwalbe“

Metall, bronziert

21 x 16 x 10 cm (inkl. Sockel)

79 €

Bestellnr. 937020

Anja Struck „Ein schöner Tag“ (2017)

Hochwertige Reproduktion hinter 3 mm starkem Acrylglas auf Aluminiumplatte, mit Aufhängevorrichtung.

Limitierte Auflage: 199 Exemplare, nummeriert, mit signiertem Zertifikat

42 x 112 x 3 cm

680 €

Bestellnr. 883497

shop.tagesspiegel.de (030) 290 21-520 (Mo. - Fr. · 9 - 18 Uhr)

TAGESSPIEGEL SHOP

Preis inkl. MwSt. Anbieter: Verlag Der Tagesspiegel GmbH, Askanischer Platz 3, 10963 Berlin

Impressum

Tagesspiegel Brandenburg 2024

Herausgeber
Lorenz Maroldt, Christian Tretbar

Themenspeziale und Magazine
Andreas Mühl (Ltg.), Lars Laute

Artdirektion
Manuel Kostrzynski

Redaktion
Heike Gläser (Ltg.), Michael Pöppl

Autorinnen und Autoren
Ulrich Amling, Tilman Birr, Felix Denk, Ferdinand Dyck, Oliver Gerhard, Heike Gläser, Sabine Hölper, Bettina Homann, Hella Kaiser, Susanne Kippenberger, Susanne Leimstoll, Daniela Martens, Dorothee Nolte, Michael Pöppl

Bildredaktion
Kitty Kleist-Heinrich

Fotografinnen und Fotografen
Ferdinand Dyck, Oliver Gerhard, Marcus Glahn, David Heerde, Christian Marquardt, Gordon Welters, Scarlett Werth

Layout und Produktion
Sabine Miethke, Christian Renner

Bildbearbeitung
Sarah Achilles, Maria Glage, Thomas Mika

Kartenmaterial
Christian Renner / Openstreetmaps

Korrektorat
Sindy Hübsch

Verlag
Verlag Der Tagesspiegel GmbH
Askanischer Platz 3, 10963 Berlin
www.tagesspiegel.de

Geschäftsführung
Gabriel Grabner, Nicolas Köhn

Verlagsleitung
Philipp Nadler (Vermarktung), Tatjana Polon (Magazine), Caspar Seibert (Vertrieb)

Verkaufsleitung Magazine
Mark Kohne

Key Account/Anzeigenverkauf
Stefan Haase
Tel. 030 290 21 - 155 42
stefan.haase@tagesspiegel.de

Produktionsleitung
Marco Schiffner

Herstellungsleitung
Daniela Weber

Druck
Walstead Kraków Sp. z o.o.

Abo- und Leser:innenservice
Tel. 030 290 21 - 502,
Fax 030 290 21 - 599
leserservice@tagesspiegel.de

Redaktionsschluss
20. Februar 2024

ISBN 978-3-948178-51-2

Bildnachweise

Cover Gordon Welters
S. 3 Gordon Welters
S. 4 – 5 Inhalt Gordon Welters, Oliver Gerhard (3), Marcus Glahn (2), David Heerde, Imago / Anna Bogush, Pawel Becker
S. 6 – 7 Oliver Gerhard
S. 8 – 9 Oliver Gerhard
S. 10 – 11 picture alliance / dpa / Jens Kalaene
S. 12 Gordon Welters
S. 14 Oliver Gerhard
S. 16 – 21 Promo (6), Ines John, Marvin Ruppert, Wikipedia / gemeinfrei, Thomas Rottenbücher
S. 22 Oliver Gerhard
S. 24 – 35 Gordon Welters
S. 36 – 37 Kitty Kleist-Heinrich, Michael Pöppl (2), John-Heartfield-Haus Wald-sieversdorf / Molgreen
S. 38 – 49 Oliver Gerhard
S. 50 – 51 Promo (3)
S. 52 – 59 Scarlett Werth (2), Heinz Sielmann Stiftung, Ralf Donat / Heinz Sielmann Stiftung (2), Imago / Imagebroker / Oliver Gerhard, Imago / Blickwinkel / M. Kuehn, Imago / Blickwinkel / A. Schauhuber, Imago / Blickwinkel / F. Hecker,
S. 60 – 63 Gordon Welters
S. 64 – 65 Imago / Rex Schober Imago / Jürgen Ritter, Imago / Reiner Weisflog, PantherMedia / Liane Matrisch, Imago / Blickwinkel / C. Kaiser
S. 66 Oliver Gerhard
S. 68 – 77 Marcus Glahn
S. 78 – 79 Thomas Wolf / Wüstenrot Stiftung, Heike Gläser, Andreas Klaer, Imago / Jürgen Ritter
S. 80 – 87 Christian Marquardt (2), Eva Feuchter (3), Noa Snir (3), Elbooum
S. 88 – 89 Imago / Andreas Franke, Imago / Zoonar, Imago / Reiner Weisflog (2)
S. 90 – 93 Chamisso-Archiv / Saeed Pirkeh (5), Wikipedia / gemeinfrei, Dorothee Nolte
S. 94 – 97 Christian Schwarzenberg, Imago / Jürgen Ritter
S. 98 – 99 Imago / Hohlfeld, picture alliance / dpa / Patrick Pleul, TMB / Steffen Lehmann, picture alliance / dpa / Gerald Matzka Imago / Manja Elsässer
S. 100 Imago / Anna Bogush
S. 102 – 107 Tobias König
S. 108 – 115 Marcus Glahn
S. 116 – 123 David Heerde
S. 124 – 125 Ferdinand Dyck
S. 126 – 134 David Heerde
S. 136 – 141 Imago / Olga Khomyakova, PR / Groch & Erben (11)
S. 142 – 143 Kitty Kleist-Heinrich, picture alliance / dpa / Sören Stache, picture alliance / dpa / Patrick Pleul, Imago / Steinach, Promo
S. 144 Pawel Becker
S. 146 – 152 Das Studio Uckermark
154 – 155 Patrick Hipp
S. 156 – 159 Pawel Becker (2), Nils Hasenau (3)
S. 160 – 165 Patrick Pleul / dpa, Promo (5)
S. 166 – 167 Imago / Rex Schober, Promo (3)
S. 170 Tilman Birr

»Hier is' keena«

TEXT UND FOTO **TILMAN BIRR**

Wenn man wie ich die meiste Zeit des Jahres innerhalb des Berliner S-Bahnrings wohnt, fühlen sich ein paar Tage in Brandenburg an wie ein Urlaub von der Menschheit. Das liegt nicht nur an der dünnen Besiedlung, sondern auch an der Brandenburger Mentalität. Die Menschen hier sind deutschlandweite Spitze in einer Aktivität, die so manchem Einwohner Berlins auch geraten wäre: sich rarmachen. Ihre natürlichen Habitate sind Auto und Garten, ihr Geltungsbedürfnis beschränken sie auf Kugelgrills und Facebook-Kommentare. Stundenlang kann man durch Brandenburg laufen und trifft keinen einzigen Krawallmacher mit Bluetoothbox, der der Welt seinen schlechten Musikgeschmack aufdrängt. Niemand steht mit der Gitarre vorm Bahnhof und singt »Wonderwall«. Hier gibt es keine »Szenen«, die sich gegenseitig im Tragen bekloppter Klamotten zu übertrumpfen versuchen. Hier trägt man Cargohose und jut isset. Kurz gesagt: In Berlin ruft jeder »Kiek ma, hier komm icke!«. In Brandenburg dagegen: »Hier is' keena.«

Dazu kommen die Gepflogenheiten im Umgang mit Fremden. In anderen ländlichen Gegenden Deutschlands besteht Grußpflicht. Selbst der maulfaulste Bayer wird sich zumindest ein »Sgott« oder »Sers« herausquälen, wenn er auf einem Feldweg einem Fremden begegnet. In Brandenburg dagegen besteht Ignorierpflicht. Die ist gar nicht böse gemeint, vielmehr ist sie ein Ausdruck der Höflichkeit, schließlich sind wir ja alle hier, um unsere Ruhe zu haben. Kommen sich zwei Brandenburger auf einer Landstraße entgegen, so denken beide: »Ach je, muss das sein? Hoffentlich sagt der nicht ›Hallo‹ oder so'n Quatsch«. Sind sie dann grußlos aneinander vorbeigelaufen, denken sie: »Das war aber nett.«

All diese Phänomene sind allerdings auch Brandenburgs Gefahr. Wenn ich in Berlin beim Joggen zusammenbrechen sollte, wird es maximal 30 Sekunden dauern, bis mich jemand findet und anspricht: »Geht's Ihnen gut? Sind Sie verletzt? Brauchen Sie Hilfe? Können Sie aufstehen?«. Sollte ich bewusstlos sein, so ist bestimmt auch ein Krawallmacher mit Bluetoothbox in der Nähe, der mich mit seiner Stampfmusik wieder aufweckt.

Aber in Brandenburg? Wird mich da überhaupt jemand finden? Meine Laufstrecke in meinem Havelländer Zweitwohnsitz führt durch ein Waldstück und die einzigen, die da vorbeikommen, sind andere Jogger und illegale Müllentsorger. Das kann eine knappe Viertelstunde, allerdings auch dreieinhalb Tage dauern. Und selbst wenn mich dort jemand zusammengekrümmt am Boden finden sollte, wird er sich denken: »Ach, der arme Kerl hat ja gerade genug Probleme. Da kann er es bestimmt nicht gebrauchen, wenn ich ihm jetzt auch noch blöde Fragen stelle.«

Ja, Brandenburg ist ein Risiko, aber das sollte man eingehen, wenn man mal kurz Pause von der Menschheit machen will. Mit der Menschheit verhält es sich nämlich wie mit asiatischem Essen: Grundsätzlich super, aber doch nicht jeden Tag.

Tilman Birr ist Schriftsteller, Musiker und Kabarettist. Zuletzt erschien von ihm der Roman »Wie sind Sie hier reingekommen?« (siehe Seite 18)